John Nevins Andrews

La Historia del Sábado
y el primer día de la semana

INFORMACIÓN EDITORIAL

Primera edición en castellano, 2021.

Título original:
History of the Sabbath and First Day of the Week
Autor:
John Nevins Andrews

Traductor:
Ariel R. Soto Caro
Maquetación:
Ariel R. Soto Caro
Sergio Sazo Vallejos
Diseño de portada:
Sergio Sazo Vallejos

Las citas bíblicas de esta publicación han sido tomadas de la Reina-Valera 95® © Sociedades Bíblicas Unidas, 1995.

Reservados todos los derechos. No se permite la reproducción total o parcial de esta obra, ni su incorporación a un sistema informático, ni su transmisión en cualquier forma o por cualquier medio (electrónico, mecánico, fotocopia, grabación u otros) sin autorización previa y por escrito de los titulares del copyright. La infracción de dichos derechos puede constituir un delito contra la propiedad intelectual.

© 2021 La Verdad Presente Ministerio.
www.laverdadpresente.cl
contacto@laverdadpresente.cl

ÍNDICE

Información editorial ii
Prólogo iv
Sobre el autor vi
La Creación 1
La Institución del Sábado 5
El Sábado Entregado a los Hebreos 21
El Cuarto Mandamiento 31
El Sábado Escrito por el Dedo de Dios 37
El Sábado Durante el Día de la Expiación 49
Las Fiestas, Lunas Nuevas y los Sábados de los Hebreos 65
El Sábado Desde David Hasta Nehemías 75
El Sábado Desde Nehemías Hasta Cristo 91
El Sábado Durante las Últimas Setenta Semanas 97
El Sábado Durante el Ministerio de los Apóstoles 135
Apostasía Temprana en la Iglesia 167

PRÓLOGO

La Historia del Sábado y el primer día de la semana es una fascinante y detallada revisión de los argumentos bíblicos sobre el día de reposo de Dios, el sábado del cuarto mandamiento.

Aunque muchas denominaciones cristianas no tienen dudas en la pecaminosidad de la idolatría, el asesinato o el adulterio, el cuarto mandamiento ha sido atacado y menospreciado, pese a que pertenece a la misma Ley de Dios. Sin embargo, la evidencia bíblica no pone dudas en la santidad del día que Dios reposó y santificó, ni en su vigencia por la eternidad.

Sin lugar a duda, el Espíritu Santo guió el intelecto y la pluma de John N. Andrews para mostrar con minuciosidad cómo el santo día de Dios es exaltado desde el mismo Génesis, hasta los registros de la iglesia primitiva.

Aunque el pastor J. N. Andrews fue contemporáneo de la señora Ellen White, este libro es la primera edición alguna vez publicada en castellano. La edición original consistía en dos partes, la primera, de 11 capítulos, que considera los principios sabáticos dentro de la historia bíblica, y la segunda parte, con 16 capítulos, mostrando los mismos principios, pero a través de la historia secular. Esta edición en castellano abarca los primeros 12 capítulos del libro original, mostrando la evidencia del Día de Reposo, desde La Creación hasta la apostasía en la iglesia primitiva.

La presente traducción al castellano moderno intenta respetar cada idea presentada por su autor, quién escribió en un inglés antiguo, pero directo y estimulante.

Esperamos que este libro sea de bendición para todos los que busquen la verdad con corazón sincero, sin prejuicios, dejando que sea Dios mismo, a través de Su Palabra, quien entregue las razones sobre el llamado a que toda la humanidad descanse en el Santo Sábado, el Día del Señor.

La Verdad Presente Ministerio

SOBRE EL AUTOR

Nacido en Maine, Estados Unidos de América, el pastor John Nevins Andrews (1829-1883) fue un ministro adventista, que también se desempeñó como misionero, escritor, editor y académico. El hermano Andrews tuvo una participación significativa en el establecimiento de la teología adventista, por ello Andrews University (Maryland, EE.UU.) fue nombrada en honor a él, en 1960.

Entre los roles del pastor Andrews dentro de la Iglesia Adventista, destaca que fue el primer misionero Adventista en Europa, fue el tercer presidente de la Conferencia General (1867-1869) y fue editor de la revista Review & Herald (1869–1870).

Aviso sobre las notas:
Esta edición presenta notas numeradas secuencialmente a través de cada capítulo. El contenido de cada nota aparece como una sección aparte al final del capítulo.

LA CREACIÓN

El tiempo es una porción de la eternidad, y debe ser entendido como todo el periodo comprendido a través de la Biblia. Desde la fecha más temprana en el libro de Génesis, hasta la resurrección de los injustos al final del milenio, hay un periodo de cerca de 7000 años[1]. Antes del tiempo, en la gran semana de la creación, un periodo sin comienzo llenaba el pasado; y al terminar este período, una existencia interminable se abre ante los ojos el pueblo de Dios. Eternidad es la palabra que abarca un espacio sin principio ni fin. Y ese Ser cuya existencia comprende la eternidad, es el único que tiene inmortalidad, es el Rey eterno, inmortal, invisible, el único y sabio Dios[2].

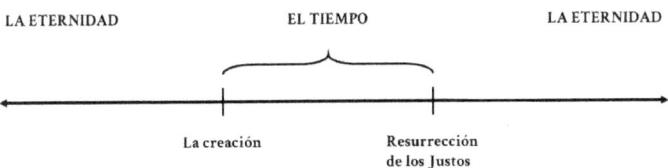

Cuando el Ser infinito así lo quiso, le dio existencia a nuestra tierra. Dios creó de la nada todas las cosas: "de modo que lo que se ve fue hecho de lo que no se veía"[3]. El acto de creación es el acontecimiento que marca el comienzo de la primera semana del Tiempo. Dios podía realizar toda la obra con una sola palabra, pero prefirió emplear seis días; y lo hiso a través de pasos sucesivos. Sigamos las huellas del Creador desde el momento en que puso los cimientos de la tierra hasta el final del sexto día, cuando los cielos y la tierra fueron terminados, "y vio Dios todo cuanto había hecho, y era bueno en gran manera"[4].

En el primer día del Tiempo Dios creó el cielo y la tierra. La tierra se hallaba sin forma y vacía; y la oscuridad total cubría la obra del Creador. Entonces "dijo Dios: sea la luz, y fue la luz". "Y separó la luz de las tinieblas. Llamó a la luz Día, y a las tinieblas llamó Noche"[5].

En el segundo día del Tiempo, Dios dijo: "Haya un firmamento en medio de las aguas, para que separe las aguas de las aguas". La tierra seca aún no había aparecido, por lo tanto, la tierra aún estaba cubierta de agua. Como no había atmósfera, espesos vapores descansaban sobre la superficie del agua; pero ahora, por la palabra del Creador, la atmósfera es llamada a la existencia, haciendo que los elementos se unan y compongan el aire que respiramos; las nieblas y los vapores -que habían descansado sobre la superficie del agua- fueron levantados por ella. Esta atmósfera, o expansión, se llamó cielo[6].

Al tercer día del Tiempo, Dios juntó las aguas e hizo aparecer la tierra seca. A la reunión de las aguas Dios los llamó mares. A la tierra seca, rescatada de las aguas, la llamó tierra. "Y dijo Dios: produzca la tierra hierba verde, hierba que de semilla, árbol que de fruto según su especie, cuya semilla esté en él, sobre la tierra. Y fue así… y vio Dios que era bueno"[7].

Al cuarto día del Tiempo, Dios dijo: "Haya lumbreras en el firmamento de los cielos para separar el día de la noche, que sirvan de señales para las estaciones, los días y los años… e hizo Dios las dos grandes lumbreras: la lumbrera mayor para que señoreara en el día, y la lumbrera menor para que señoreara en la noche; e hizo también las estrellas". La luz había sido creada el primer día de la semana, pero ahora, en el cuarto día, hace que el sol y la luna aparezcan como portadores de esa luz, y la pone bajo su gobierno. Y así continúa hasta el día de hoy, según sus ordenanzas, porque todos son sus siervos. Tal fue la obra del cuarto día. Y el Gran Arquitecto, examinando lo que había hecho, lo consideró bueno[8].

En el quinto día del Tiempo Dios creó "los grandes monstruos marinos y todo ser viviente que se mueve, que las aguas produjeron según su especie, y toda ave alada según su especie. Y vio Dios que era bueno"[9].

En el sexto día del Tiempo, Dios creó "los animales de la tierra según su especie, ganado según su especie y todo animal que se arrastra sobre la tierra según su especie. Y vio Dios que era bueno". Así, la tierra, habiendo sido preparada para un propósito, estaba llena de todo tipo de criaturas vivientes, igualmente las aguas y el cielo estaban repletos de la existencia animal. Para completar esta noble obra de creación, Dios le provee de un gobernante, el representante de sí mismo, y coloca a todos bajo su gobierno. Y dijo Dios: "Hagamos al hombre a nuestra imagen, conforme a nuestra semejanza; y tenga potestad sobre los peces del mar, las aves de los cielos y las bestias, sobre toda la tierra y sobre todo animal que se arrastra sobre la tierra... Entonces Jehová Dios formó al hombre del polvo de la tierra, sopló en su nariz aliento de vida y fue el hombre un ser viviente. Jehová Dios plantó un huerto en Edén, al oriente, y puso allí al hombre que había formado. E hizo Jehová Dios nacer de la tierra todo árbol delicioso a la vista y bueno para comer; también el árbol de vida en medio del huerto, y el árbol del conocimiento del bien y del mal". Por último, Dios creó a Eva, madre de la humanidad. La obra del Creador estaba ahora completa. "Fueron, pues, acabados los cielos y la tierra, y todo lo que hay en ellos". "Y vio Dios todo cuanto había hecho, y era bueno en gran manera". Ahora Adán y Eva estaban en el paraíso. El árbol de la vida floreció en medio la tierra. El pecado aún no había entrado en nuestro mundo, y la muerte no estaba aquí, porque no existía el pecado. "Alababan juntas todas las estrellas del alba y se regocijaban todos los hijos de Dios". Así terminó el sexto día[10].

NOTAS

1. Para la evidencia bíblica y tradicional sobre este punto, vea la Shimeall's Bible Chronology, parte I, cap. VI; La Voz de la Iglesia de Taylor, págs. 25-30; y Bliss' Sacred Chronology, págs. 199-203.
2. Isaías 57:15; 1 Samuel 15:29; Jeremías 10:10; Miqueas 5:2; 1 Timoteo 6:16; 1:17; Salmo 90:2.
3. Hebreos 11:3. El Dr. Adam Clarke, en su comentario sobre Génesis 1:1, utiliza el siguiente lenguaje: "[Creó] Hizo que existiera, lo que hasta ese momento no era. Los rabinos, que son jueces legítimos en el caso de la crítica verbal de su propia lengua, están unánimes en afirmar que la palabra בָּרָא (bara), expresa el comienzo de la existencia de una cosa: "emerger de la no existencia a la existencia..." Así que estas palabras deben traducirse como: 'Dios en el principio creó la sustancia de los cielos y la sustancia de la tierra, es decir, la materia prima o los primeros elementos de los cuales se formaron posteriormente los cielos y la tierra'".

    Purchase's Pilgrimage, libro 1, cap. 2, dice acerca de la creación: "Nada de nada tenía el Señor Todopoderoso, de que, con que, y por lo que, construir esta ciudad [que es el mundo]".

    El Dr. Gill dice: "Se dice que son creados, es decir, que son hechos de la nada, porque ¿qué materia preexistente a este caos [verso 2] podría haber de lo que pudieran ser formados?". "La creación debe ser obra de Dios, porque nadie sino un poder todopoderoso podría producir algo de la nada". Comentario sobre Génesis 1:1.

    Juan Calvino, en su comentario sobre este capítulo, expone así el acto de la creación: "su significado es que el mundo fue hecho de la nada, por lo que se refuta la locura de aquellos que imaginan que la materia no formada existió desde la eternidad".

    La traducción de Wycliffe sobre Génesis 1:1, la más antigua de las versiones inglesas, dice así: "En el principio, hizo Dios de la nada el cielo y la tierra.
4. Génesis 1:31.
5. Génesis 1:1-5; Hebreos 1.
6. Génesis 1:6-8; Job 37:18.
7. Génesis 1:9-13. Salmo 136:6; 2 Pedro 3:5.
8. Génesis 1:14-19; Salmo 119:91; Jeremías 33:25.
9. Génesis 1:20-23.
10. Génesis 1:24-31; 2:7-9,18-22; 3:20; Job 38:7.

LA INSTITUCIÓN DEL SÁBADO

La obra del creador estaba terminada, pero la primera semana aún no concluía. Cada uno de los seis días se había distinguido por la obra que el Creador había hecho en ellos, pero el séptimo día se hizo memorable de una manera muy distinta: "El séptimo día concluyó Dios la obra que hizo, y reposó el séptimo día de todo cuanto había hecho"[1]. En un lenguaje aún más fuerte está escrito: "y en el séptimo día cesó y descansó [se refrescó]"[2].

Así, el séptimo día de la semana se convirtió en el día de descanso del Señor. ¡Qué notable es este hecho! "Dios eterno es Jehová, el cual creó los confines de la tierra. No desfallece ni se fatiga con cansancio"[3]. No necesitaba descanso, sin embargo, está escrito: "El séptimo día cesó y descansó". ¿Por qué la Biblia no dice, simplemente, que Dios detuvo su trabajo? ¿Por qué al final de dicho trabajo utilizó un día para reposar? La respuesta se obtiene en el siguiente versículo. Dios estaba sentando los cimientos de una institución divina, el memorial de su gran obra:

"Bendijo Dios el séptimo día y lo santificó, porque en él reposó de toda la obra que había hecho en la creación".[4]

El cuarto mandamiento afirma el mismo hecho:

"Reposó en el séptimo día; por tanto, Jehová bendijo el sábado y lo santificó".[5]

La bendición y santificación del séptimo día de la semana fue debido a que Dios mismo había descansado en él. Entonces, el objetivo de reposar en el sábado consistía en establecer una bendición, y santificar dicho día. Al ser "refrescado" con ese descanso, implicaba que se deleitó en establecer un recordatorio de su gran obra creativa.

Luego de instituir el descanso como un memorial, el segundo acto del Creador fue poner su bendición en ese día. Desde aquel momento en adelante el día de reposo del Señor fue bendito. Y un tercer elemento completa la sagrada institución. El día ya bendecido por Dios, es ahora santificado por Él. Santificar es "separar, poner aparte, o designar para un uso sagrado, santo o religioso"[6].

El momento en que se realizaron estos tres actos, es digno de una consideración especial. El primer acto fue el descanso. Ocurrió durante el séptimo día, porque Dios utilizó ese día para reposar. El segundo y tercer acto tuvieron lugar cuando el séptimo día terminó. "Bendijo Dios el séptimo día... porque en él reposó de toda la obra que había hecho en la creación". Por lo tanto, Dios bendijo el séptimo día, y lo puso aparte para un uso santo, durante el primer día de la segunda semana. En consecuencia, la bendición y la santificación del séptimo día, no recayó sobre el primer sábado, sino en el séptimo día de las semanas siguientes, en memoria de que Dios reposó de su creación en el primer sábado.

Desde el principio de los tiempos, Dios empezó a contar los días, dando a cada uno un número como nombre, en orden. Siete nombres distintos reciben cada uno de los siete días de la semana. En memoria de lo que Dios hizo en el último día, aparta un nombre para un uso sagrado. Este último hecho le da existencia a las semanas: los períodos de siete días. Debido a que con el séptimo día dejó de contar, y en memoria de que reposó en él, le da un nombre divino a aquel día para un uso santo, y hace que el hombre comience la cuenta de una nueva semana tan pronto como el primer séptimo día concluyó. Como Dios se complacía en proveer al hombre de todo, le otorgó siete días diferentes, cada uno de estos días con un nombre que indica su lugar exacto en la semana, y separó uno de ellos por nombre. Tal acto creó las semanas y le dio al hombre el sábado, el cual nunca será un día indefinido o incierto, a no ser por engaño.

Los días de la semana se miden por la rotación de nuestra tierra sobre su propio eje, por lo tanto, nuestro séptimo día como tal, sólo puede aplicarse a los habitantes de nuestro planeta. Así mismo, para Adán y Eva, como habitantes de esta tierra, le fueron dados los días de la semana para su uso, y no a los habitantes de algún otro mundo. Así que, cuando Dios puso aparte uno de esos días para un uso sagrado, en memoria de su propio descanso en aquel día de la semana, la esencia misma de tal acto consistía en decirle a Adán que el sábado debería ser utilizado únicamente para propósitos sagrados. En ese momento Adán estaba en el jardín de Dios, colocado allí por el Creador para protegerlo y guardarlo. También fue comisionado por Dios para dominar la tierra. Cuando el día de reposo del Señor llegaba, cada semana, todo el trabajo secular, por normal que fuese, debía dejarse a un lado, y se reposaba en el día observado en memoria del Creador.

El Dr. Twisse cita a Martín Lutero así[7]:

"Y Martín Lutero afirmaba insistentemente, 'que si Adán hubiese permanecido en su inocencia, también debería haber guardado el séptimo día santo, es decir, debería haber enseñado ese día a sus hijos y a los hijos de sus hijos; que esa era la voluntad de Dios, y que en eso consistía su adoración. En ese día debió haber alabado a Dios, dado gracias y ofrendado. En los otros días debió haber cultivado su terreno y cuidado su ganado'".[8]

El verbo hebreo, la palabra *kadash*, traducida en el capítulo 2 de Génesis y en el cuarto mandamiento como "santificado", es definida por Gesenio como: "declarar santificado, instituir cualquier cosa como santa, nombrar santo"[9]. Esta palabra se usa repetidamente en el Antiguo Testamento para un nombramiento público o una proclamación. Así que, cuando las ciudades de refugio fueron apartadas en Israel, se escribió: "Entonces señalaron [o separaron] a Cedes en Galilea, en el monte de Neftalí, Siquem en los montes de Efraín, y Quiriat-arba (que es Hebrón) en los montes de Judá"[10]. Esta separación (santificación) o nombramiento de las ciudades de refugio fue a través de un anuncio público a Israel, de que estas ciudades serían apartadas para ese explícito propósito. Este verbo también se utiliza para la designación de un ayuno público, y para la reunión de una asamblea solemne. Así está escrito: "Proclamad ayuno, convocad asamblea, congregad a los ancianos y a todos los moradores de la tierra en la casa de Jehová, vuestro Dios, y clamad a Jehová"[11], "Tocad trompeta en Sión, proclamad ayuno, convocad asamblea"[12], "Luego dijo Jehú: 'Santificad un día solemne a Baal'. Y ellos lo convocaron"[13]. Dicha convocación para Baal fue tan pública que todos los adoradores de Baal, de todo Israel, se reunieron. Estos ayunos y asambleas solemnes fueron santificadas, o separadas, por medio de un nombramiento público o proclamación. Por lo tanto, cuando Dios separó el séptimo día para un uso sagrado, era necesario que se declarara ese hecho a todos aquellos quienes usarían los días de la semana. Sin ese anuncio el día no podía separarse de los demás.

Pero, el ejemplo más sorprendente del significado de esta palabra puede encontrarse en el informe de la santificación del monte Sinaí. Cuando Dios estaba a punto de anunciar los diez mandamientos, a oídos de todo Israel, envió a Moisés desde la cima del monte Sinaí para impedir que el pueblo tocara el monte. "Moisés dijo a Jehová: El pueblo no podrá subir al monte Sinaí, porque tú nos has mandado diciendo: 'Señala límites al monte y santifícalo'"[14]. En el versículo donde Dios le dio la instrucción a Moisés, se lee: "Guardaos, no subáis al monte ni toquéis sus límites; cualquiera que toque el monte, de seguro morirá". Por lo tanto, para santificar el monte se debía ordenar al pueblo que no tocara, ni siquiera, sus bordes; porque Dios estaba a punto de descender sobre él con Su majestad. En otras palabras, para santificar o separar el Monte Sinaí para un uso sagrado, era necesario comunicarle al pueblo que Dios pide que traten dicha montaña como apartada para Él. Y así también, para santificar el día de descanso, el

Señor tenía que decirle a Adán que debía tratar ese día como santo al Señor.

De hecho, la declaración: "Dios bendijo el séptimo día, y lo santificó", no es un mandamiento en sí mismo para la observancia de ese día; pero sí se registra que tal precepto fue dado a Adán[15] ¿Cómo podría el Creador "apartar para un uso santo" el día de su reposo, cuando aquellos que debían santificarlo no sabían nada de su voluntad? Que respondan quienes son capaces.

Este punto de vista, del registro de Génesis, se sostiene en todos los informes bíblicos relativos al día de descanso del Señor. Los hechos que hasta aquí hemos examinado son la base del cuarto mandamiento. Así habló el gran Dador de la Ley en la cumbre del monte en llamas: "Acuérdate del día de reposo para santificarlo... El séptimo día es el Sábado de Jehová tu Dios... Porque en seis días Jehová hizo el cielo y la tierra, el mar, y todo lo que en ellos hay, y descansó el séptimo día; por tanto, el Señor bendijo el día de reposo y lo santificó"[16].

El concepto Sábado proviene de la lengua hebrea, y significa descanso[17]. El mandamiento que dice, "Acuérdate del día Sábado, para santificarlo", es exactamente equivalente a decir: "Acuérdate del día de reposo, para santificarlo". La explicación que le sigue confirma esta idea: "El séptimo día, es día de reposo del Señor tu Dios". La razón de que este día sea de reposo se explica en las siguientes palabras: "Porque en seis días hizo Jehová los cielos y la tierra, el mar y todo lo que en ellos hay, y descansó el séptimo día; por lo cual el Señor bendijo el día de reposo y lo santificó". Lo que se ordena en el cuarto mandamiento es santificar el día de reposo del Señor. Y eso es determinado por el día en que Dios descansó de la obra de la creación. Además, el cuarto mandamiento llama al séptimo día "el día de reposo" desde el mismo momento en que Dios lo bendijo y lo santificó; por lo tanto, el Sábado es una institución que data desde la fundación del mundo. El cuarto mandamiento nos remite a la semana de la creación para explicar el origen de la obligación de guardarlo, y cuando volvemos a ese punto, en Génesis, encontramos la esencia del cuarto mandamiento, tal como fue dado a Adán: "Dios bendijo el séptimo día y lo santificó", es decir, ponerlo aparte para un uso sagrado. Y en el cuarto mandamiento, el mismo hecho se afirma: "El Señor bendijo el día de reposo y lo santificó", es decir, lo designó para un uso sagrado. La primera afirmación dice "Dios bendijo el séptimo día y lo santificó"; la segunda dice "el Señor bendijo el día de reposo y lo santificó". Y es que estas dos afirmaciones se refieren a los mismos hechos. Debido a que la palabra Sábado (y dependiendo la traducción y versión de la Biblia) no aparece en la primera afirmación, algunos han sostenido que el Sábado no se originó en la creación, siendo simplemente el séptimo día el que fue santificado. De la segunda declaración se ha sostenido que Dios no bendijo en absoluto el séptimo día, sino simplemente la institución del Sábado. Pero ambas declaraciones engloban toda la verdad. Dios bendijo el séptimo día y lo santificó, y este día bendito y santificado era Su Santo Sábado, o día de descanso. Así, el cuarto mandamiento establece el origen del sábado en la creación.

La segunda mención del Sábado en la Biblia proporciona una confirmación decisiva de los argumentos ya presentados. Moisés, en el sexto día de la semana, en el desierto de Sin, dijo a Israel: "Mañana es sábado, el día de reposo consagrado a Jehová"[18]. ¿Qué cambio se le había hecho al séptimo día desde que Dios lo bendijo y lo santificó, como Su día de descanso en el paraíso? Nada ¿Qué le hizo Moisés, al séptimo día, para convertirlo en el reposo del santo sábado para el Señor? Nada. El relato indica, simplemente, que en el sexto día Moisés informa que el día siguiente sería el Santo día Sábado de reposo al Señor. El séptimo día había sido así desde que Dios lo bendijo y santificó, como el día de Su reposo.

El testimonio de nuestro divino Señor, en relación con el origen y diseño del Sábado, tiene destacada importancia. Jesús esta validado para testificar, porque estaba con el Padre desde el principio de la creación[19]. "El sábado fue hecho para el hombre", dijo él, "no el hombre para el día de reposo"[20]. La siguiente regla gramatical es digna de destacar: "un sustantivo sin un adjetivo es siempre interpretado con su definición más amplia"[21] como, por ejemplo: "el hombre es responsable", refiriéndose a la raza humana, no a un hombre en particular. Los siguientes textos ilustran esta regla. Nuestro Señor declaró: "así el hombre yace y no vuelve a levantarse. Mientras exista el cielo, no despertará ni se levantará de su sueño"; "no os ha sobrevenido ninguna prueba que no sea común a los hombres"[22]; "y de la manera que está establecido para los hombres que mueran una sola vez"[23]. En estos textos "hombre" es usado sin restricciones, por lo tanto, toda la humanidad está necesariamente incorporada. Es decir, el Sábado fue hecho para toda la familia humana, por lo tanto se originó junto con la humanidad. Pero el lenguaje del Salvador es aún más enfático en el texto original: "El sábado fue hecho para EL hombre, no EL hombre para el Sábado". Esta forma de decirlo fija la mente en Adán EL hombre, que fue hecho del polvo de la tierra justo antes de que el sábado fuera hecho para él.

La siguiente es una sorprendente confirmación del hecho ya señalado, de que el sábado fue dado a Adán, el jefe de la familia humana.

"El séptimo día es el sábado de Jehová tu Dios". Sin embargo, hizo el sábado para el hombre. "Dios hizo del sábado Su solemne apropiación, a fin de llevarnos de nuevo bajo la seguridad de ese divino decreto, para que nadie nos lo pueda robar impunemente".[24]

Pero, ¿es posible que el acto de bendecir y santificar el séptimo día de Dios ocurriera al final de la misma semana de la creación? ¿No podría haber sido mencionado después, puesto que Dios planeó que el día de su descanso fuese observado posteriormente? O más bien, debido a que Moisés escribió el libro del Génesis mucho después de la creación, ¿no podría haber insertado el relato de la santificación del sábado, con el registro de la primera semana de la creación, aunque el día haya sido santificado en el tiempo de Moises?

Ciertamente, tal interpretación del registro bíblico no puede ser aceptada, a menos que los hechos del caso así lo exijan. Por lo que sea, y por decir lo menos, esa sería una aplicación forzada del lenguaje.

El registro del Génesis, a menos que se presente una excepción, es una simple narración de acontecimientos. Por consiguiente, lo que Dios hizo en cada día se registra en su orden hasta llegar al séptimo. Definitivamente se estaría violentando la narración para poder afirmar que el registro concerniente al séptimo día es de un carácter diferente del que respecta a los otros seis. Dios descansó en el séptimo día. Él santificó el séptimo día porque había descansado en él. La razón por la que santificó el séptimo día existe desde que su descanso hubo concluido. Por lo tanto, decir que Dios no santificó el sábado en aquel tiempo, sino que lo hizo en los días de Moisés, no es sólo es una distorsión de la narración, sino que implicaría que se le olvidó hacerlo por cerca de dos mil quinientos años, por alguna razón que ya existía desde la creación[25].

Tratemos de mostrar los argumentos que supuestamente prueban que el sábado fue santificado en el desierto de Sin, y no en la Creación. Pero, ¿cuáles son los hechos que demuestran eso? Si existiesen no estan registrados, aunque son asumidos para sostener la teoría de que el sábado se originó junto con la caída del maná y no en el paraíso.

¿Dios santificó el sábado en el desierto de Sin? No hay indicio de ello. Por el contrario, se menciona como algo que ya estaba separado por Dios. Moisés dijo en el sexto día: "mañana es sábado, el día de reposo consagrado a Jehová". Con seguridad, este no es el acto de institución del sábado, sino una mención de un hecho existente. Pasemos al Monte Sinaí. ¿Dios santificó el sábado cuando pronunció los diez mandamientos? Esa idea tampoco puede sostenerse. Es por todos aceptado que, lo que Moisés habló era de conocimiento general desde el mes anterior. Por otro lado, el Señor en el Sinaí, ¿habla de la santificación del sábado? Efectivamente lo hace. Pero Él se remonta, en el mismo lenguaje del Génesis, a la santificación del sábado, no al desierto de Sin, sino a la creación del mundo. Pedimos a los que sostienen esta teoría, que examinen esta pregunta: si el sábado no fue santificado en la creación, sino que fue santificado en el desierto de Sin, ¿por qué la narrativa en cada caso registra la santificación del sábado en la creación y omite toda mención del hecho en el desierto? Es más, ¿por qué el registro de los acontecimientos en el desierto muestran que el santo sábado ya existía? En conclusión, ¿cómo una teoría subversiva al registro bíblico puede ser sostenida como la verdad de Dios?

Hemos visto que el sábado fue decretado por Dios al final de la semana de la creación. Sin embargo, el objetivo de su autor merece una atención especial. ¿Por qué el Creador estableció este monumento en el paraíso? ¿Por qué, de los otros días de la semana, apartó aquel día que había empleado para reposo? "Porque en él", dice el registro, "Él había descansado de toda la obra que hizo y creó". Un descanso implica necesariamente haber realizado un trabajo. Y por lo tanto el sábado fue establecido por Dios como un memorial de la obra de la creación. En consecuencia, ese precepto de la ley moral, y que se relaciona con ese memorial, comienza con la palabra: "recuerda", a diferencia de cualquier otro mandato de La Ley. La importancia de este memorial será entendida cuando aprendamos de las Escrituras que la obra de la creación, y tal como declara su Autor, es la gran evidencia de su eterno poder y divinidad, y que con ese gran hecho se lo distingue de todos los dioses falsos. Así está escrito:

"El que hizo todas las cosas es Dios". "Mas Jehová es el Dios verdadero: él es el Dios vivo y el Rey eterno; ante su ira tiembla la tierra, y las naciones no pueden sufrir su indignación. Les diréis esto: 'Los dioses, que no hicieron los cielos ni la tierra, desaparezcan de la tierra y de debajo de los cielos'. Él hizo con su poder la tierra, con su saber puso en orden el mundo y con su sabiduría extendió los cielos". "Lo invisible de él, su eterno poder y su deidad, se hace claramente visible desde la creación del mundo y se puede discernir por medio de las cosas hechas". "Porque él dijo, y fue hecho; él mandó, y existió".[26]

Tal es la estima que las Escrituras pone sobre la obra de la creación, como evidenciando el eterno poder y la divinidad del Creador. El sábado se establece como el monumento de esta gran obra. Su observancia es un acto de agradecido reconocimiento por parte de las criaturas inteligentes que fueron creadas, y que le deben todo a Él; y que por su deseo fueron y son creadas. ¡Cuán importante era esa observancia para Adán! Y cuando el hombre hubo caído, cuán importante es ahora para su bienestar el "recordar el día de reposo para santificarlo". Así se habría protegido del ateísmo y de la idolatría. Porque nunca habría podido olvidar que hay un Dios del cual todas las cosas emanan; ni podría adorar como a dios a otro ser, sino al Creador.

Como el séptimo día fue santificado por Dios en el Edén, no era judío, sino divino. No fue el monumento recordatorio de la fuga de Israel desde Egipto, sino del reposo del Creador. Tampoco es cierto que los escritores judíos más distinguidos nieguen el origen temprano del sábado, o lo reclamen como un monumento judío.

Citamos al historiador Josefo y su erudito contemporáneo, Filón el Judío[27]. Josefo, cuyas "Antigüedades Judías"[28] corren paralelas a la Biblia desde el principio, al referirse al desierto de Sin, no hace ninguna alusión al sábado, una prueba clara de que él no tenía la idea de que éste se originó en ese desierto. Pero al referirse a la creación, entrega el siguiente testimonio:

"Moisés dice que en sólo seis días se hizo el mundo y todo lo que hay en él. Y que el séptimo día fue un descanso y una liberación del trabajo de tales actividades; POR ELLO es que celebramos un descanso de nuestro trabajo en ese día, y lo llamamos el Sábado; cuya palabra significa descanso en la lengua hebrea".[29]

Y Filón muestra un testimonio enfático en relación al carácter del sábado como un monumento conmemorativo. Dice así:

"Pero después que el mundo entero había sido completado, según la naturaleza perfecta del número seis, el Padre santificó el día siguiente, el séptimo, alabándolo y llamándolo santo. Porque es día de fiesta, no de una ciudad o de un país, sino de toda la tierra. Un día que por sí solo es justo llamarlo día de fiesta para todos los pueblos, y el día del nacimiento del mundo".

Tampoco el día de reposo del Señor es un reflejo del descanso que tendría el hombre después de la redención. Dios siempre será adorado de una manera que sea comprendida por sus criaturas inteligentes. Por lo tanto, cuando Él apartó Su día de reposo para un uso sagrado, si no era un recordatorio de su obra, sino que reflejaba el futuro reposo de la redención del hombre, entonces Dios debió de haber dicho que ese era el verdadero propósito de esa institución y, como consecuencia, el hombre en su estado "no caído" nunca podría haber observado el sábado como una delicia[30] sino siempre con una profunda angustia, porque le recordaba que pronto iba a apostatar. El santo y honorable día del Señor, tampoco fue una de las "ordenanzas acerca de la carne, impuestas hasta el tiempo de reformar las cosas"[31]; porque antes del pecado no se necesitaba redención, ya que no había seres caídos.

Pero el hombre no continuó en su rectitud. El paraíso se perdió, y Adán fue privado del árbol de la vida. La maldición de Dios cayó sobre la tierra, la muerte entró por el pecado y se traspasó a todos los hombres. Después de esa triste apostasía, no se menciona más el sábado hasta que Moisés, en el sexto día, dijo: "Mañana es el descanso del santo sábado para el Señor".

Se discute que no hay precepto en el libro del Génesis para la observancia del sábado, y por consiguiente no hay ninguna obligación, por parte de los patriarcas, para guardarlo. Hay una falla en este argumento que no han observado los que lo usan. El libro del Génesis no fue una norma dada para el caminar de los patriarcas. Por el contrario, fue escrito por Moisés 2500 años después de la creación, y mucho después de que los patriarcas estuvieran muertos. En consecuencia, el hecho de que ciertos preceptos no se encuentran en el Génesis no es prueba de que no fueran obligatorios para los patriarcas. Así mismo, el libro no ordena a los hombres a que amen a Dios con todos sus corazones, y sus prójimos como ellos mismos, ni prohíbe la idolatría, la blasfemia, la desobediencia a los padres, el adulterio, el robo, el falso testimonio o la avaricia. ¿Quién podría afirmar que los patriarcas no estaban sujetos a estas restricciones? Como un simple registro de acontecimientos, escrito mucho después de lo ocurrido, el libro no debía contener necesariamente un código moral. Pero si el libro hubiera sido dado a los patriarcas como una regla de vida, debía necesariamente contener tal código. Es un hecho digno de especial atención que tan pronto como Moisés alcanza su propia época, en el libro del Éxodo, toda la ley moral es dada. Cuando el registro y el pueblo fueron contemporáneos, entonces la ley escrita fue dada en manos del pueblo de Dios, como una regla de vida, y un código completo de preceptos morales.

Entonces, el anterior argumento es falso porque: (1) está basado en la suposición de que el libro de Génesis era la regla de vida para los patriarcas; (2) si se fuese así, liberaría a los patriarcas de todo precepto de la ley moral, excepto el sexto; (3) el acto de Dios al apartar su día de reposo para un uso sagrado, como hemos visto, fue en el tiempo de Adán lo que implica que los patriarcas necesariamente heredaron el sábado. Por lo tanto, aunque el libro de Génesis no contiene ningún precepto concerniente al sábado, contiene evidencia directa de que tal precepto fue dado al titular y representante de la familia humana.

Después de entregar la institución del sábado, el libro del Génesis, en su breve registro de 2370 años, no lo vuelve a mencionar. Esto ha sido adoptado como prueba amplia de que aquellos hombres santos, quienes durante dicho período fueron perfectos y caminaron con Dios en observancia de sus mandamientos, estatutos y leyes, todos vivieron en abierta profanación de aquel día que Dios había bendecido y puesto aparte para un uso sagrado. Pero el libro del Génesis también omite cualquier otra referencia a la doctrina de un castigo futuro, a la resurrección del cuerpo, a la revelación del Señor en medio del fuego ardiente y al gran día del Juicio. ¿Este silencio prueba que los patriarcas no creyeron estas grandes doctrinas? ¿Esto las hace menos sagradas?

El sábado no es mencionado desde Moisés hasta David, un período de quinientos años, durante el cual se hizo cumplir bajo pena de muerte. ¿Esto demuestra que no se observó durante este período? El jubileo ocupó un lugar prominente en el sistema del santuario y sacrificios, pero en toda la Biblia no se registra un solo caso de su observancia. Lo que es aún más notable, es que no hay constancia de un solo caso de la observancia del gran día de la expiación, a pesar de que es el servicio en el lugar santísimo, y que ese día era el más importante relacionado con el santuario terrenal. Y sin embargo, la observancia de las otras festividades menos importantes del séptimo mes, que están íntimamente relacionadas con el día de la expiación (una la precede por diez días, y otra ocurría cinco días después) están particularmente registradas y de forma repetida. Sería una falacia argumentar, a través de este silencio, que el día de la expiación nunca fue observado, cuando hay tantos casos en los que se menciona su efectiva exigencia. Y así, en el libro de Génesis, hay mejores argumentos contra la observancia del día de la expiación que contra el sábado.

El cálculo del tiempo por semanas no se deriva de nada en la naturaleza, sino que debe su existencia al designio divino del séptimo día para un uso sagrado, en recordatorio del descanso del Señor, de Su obra de creación en seis días. Este período de tiempo está marcado sólo por la periodicidad del día de reposo santificado por el Creador. Que los patriarcas contaban el tiempo por semanas y por siete días, es evidente de varios textos. Que ellos mantuvieran la semana y olvidarán el Sábado, lo único por lo cual se determina la semana, no es una conclusión creíble. Es evidente que el cómputo de la semana se mantuvo correctamente por el hecho de que, en el sexto día, en el desierto de Sin, el pueblo recogía por su propia cuenta una doble porción de maná. Y Moisés les dijo: "Mañana es el reposo del santo sábado para el Señor".

La brevedad del registro en Génesis nos hace pasar por alto muchos hechos del más profundo interés. Adán vivió 930 años. ¡Cuán profundo y absorbente debiese ser el interés de la familia humana por ver al primer hombre! ¡Conversar con uno que había hablado con Dios! ¡Oír de sus labios una descripción de aquel paraíso en el que había vivido! ¡Aprender de uno creado en el sexto día de los acontecimientos maravillosos de la semana de la creación! ¡Oír de sus labios las mismas palabras del Creador cuando apartó su día de descanso para un santo uso! ¡Ay! Y para aprender la triste historia de la pérdida del paraíso y el árbol de la vida.

Por tal motivo, no es difícil creer que lo sucedido durante los primeros seis días de la creación y la santificación del día de descanso se difundieran entre la humanidad, en la era patriarcal. Es más, era imposible que fuera de otra manera, especialmente entre los piadosos. Desde Adán hasta Abraham una sucesión de hombres, probablemente inspirados por Dios, preservaron el conocimiento de Dios sobre la tierra. Así vivió Adán hasta que Lamec, padre de Noé, tuvo 56 años de edad; Lamec vivió hasta que Sem, hijo de Noé, llegó a los 93; Sem vivió hasta que Abraham tenía 150 años de edad. Así somos llevados a Abraham, el padre de los fieles. De él se registra que obedeció la voz de Dios y guardó sus preceptos, sus mandamientos, sus estatutos y sus leyes. Y acerca de él, el Altísimo da el siguiente testimonio: "pues yo sé que mandará a sus hijos, y a su casa después de sí, que guarden el camino de Jehová haciendo justicia y juicio". El conocimiento de Dios fue preservado en la familia de Abraham, y más adelante encontraremos el sábado regularmente mencionado entre sus descendientes, como una institución existente.

NOTAS

1   Génesis 2:2
2   Éxodo 31:17. Aquí la palabra "descanso" se puede encontrar traducida, en la tradicional versión inglesa de la Biblia King James, como "refrescar".
3   Isaías 40:28
4   Génesis 2:3
5   Éxodo 20:11
6   La definición proviene del diccionario sin-resumir Webster sobre las palabras *sanctify* y *hallow* (ambas palabras traducidas al castellano como "santificar" o "hacer sagrado") de la edición de 1859. La edición revisada de 1864 agrega: "Para hacer sagrado o santo, para apartar a un uso sagrado o religioso, para consagrar mediante los ritos apropiados, para santificar. Por ejemplo, Génesis 2:3 "Dios bendijo el séptimo día, y lo santificó", y Levíticos 8:23 "Moisés... santificó a Aarón y sus vestiduras".

7. Tomo VI, en Génesis 2:3.
8. Moralidad del Cuarto Mandamiento, págs. 56-57, Londres, 1641.
9. Hebrew Lexicon, pág. 914, edición de 1854.
10. Josué 20:7
11. Joel 1:14
12. Joel 2:15
13. 2 Reyes 10:20
14. Éxodo 19:12 y 23
15. En el libro Dr. Lange's Commentary (vol. I pág. 197) habla sobre este punto así: "Si no tuviéramos otro pasaje más que Génesis 2:3, no habría dificultad en deducir de él un precepto para la observancia universal del Sábado, o séptimo día, para ser dedicado a Dios, como tiempo santo, por toda aquella raza por la cual, la tierra y su naturaleza, fueron especialmente preparadas. Los primeros hombres debieron haberlo sabido. Las palabras 'Él lo santificó' no pueden tener otro significado. Ellos hubieran estado confundidos si no se les requiriera santificarlo." El Dr. Nicholas Bound, en su True Doctrine of the Sabbath (Londres, 1606, pág. 7), declara así la antigüedad del precepto del sábado: "El primer mandamiento del sábado fue de los primeros pronunciados desde el Cielo por el Señor, al igual que los otros preceptos morales, es más, es tan antiguo como el primer séptimo día, porque tan pronto existió el primer sábado, tan pronto fue santificado, y sabemos que el primer sábado entró con el primer hombre, por lo que no debe salir sino con el último hombre, y como fue en el principio del mundo, así debe continuar hasta el final del mismo, y como el primer séptimo día fue santificado, así debe ser hasta el último. Esto es lo que se dice, que el sábado fue ordenado por Dios, y el séptimo día fue santificado por Él desde el principio del mundo, y que (estas últimas palabras explican las primeras) cuando Dios lo santificó, entonces también ordenó que fuese santificado, por lo tanto, mira cuán antigua es la santificación del día: tiene la misma antigüedad que el mandamiento de santificarlo; porque son la misma orden".
16. Éxodo 20:8-11
17. Buck's Theological Dictionary, artículo: "Sabbath"; Calmet's Dictionary.
18. Éxodo 16:22 y 23
19. Juan 1:1-3; Génesis 1:1,26; Colosenses 1:13-16
20. Marco 2:27
21. Barrett's Principles of English Grammar, pág. 29.
22. Nota del traductor: La mayoría de las versiones castellanas de la Biblia, como las distintas ediciones de la Reina Valera, traducen este versículo directamente como "humanidad". Pero la tradicional versión en inglés King James, reza "common to man" es decir, "común al hombre".
23. Job 14:12; 1 Corintios 10:13; Hebreos 9:27
24. Moralidad del cuarto mandamiento, pág. 198, Londres, 1641.
25. El Dr. Twisse ilustra lo absurdo de la idea de que la primera observancia del Sábado, que conmemora la creación, haya comenzado unos 2.500 años después: "Leemos que cuando los Ilienses, habitantes de Ilium, antiguamente llamados Troyanos, enviaron una embajada a Tiberio para condolerse de la muerte de su padre Augustus, él, teniendo en cuenta lo irracional del asunto, dado que su padre ya

había muerto hace mucho tiempo, les respondió diciendo que el también sentía pena por haber perdido a tan famoso caballero como fue Héctor, quién había muerto más de mil años antes, en las guerras de Troya". Moralidad del Cuarto mandamiento, pág. 198.

26 Hebreos 3:4; Jeremías 10:10-12; Romanos 1:20; Salmo 33:9; Hebreos 11:3.
27 También llamado Filón de Alejandría.
28 Según Wikipedia, se trata de una obra escrita en griego del historiador judío Flavio Josefo, hacia los años 93-94.
29 Mayúsculas agregadas.
30 Isaías 58:13 y 14.
31 Hebreos 9:10.

EL SÁBADO ENTREGADO A LOS HEBREOS

Ahora debemos trazar la historia de la verdad divina, que durante muchos siglos tuvo una conexión exclusiva con la familia de Abraham. El objetivo será vindicar la verdad con respecto al supuesto trato especial de Dios hacia los hebreos –un reproche frecuentemente impuesto sobre el sábado– y justificar el trato de Dios hacia el resto de la humanidad, al dejar a las naciones apóstatas en sus propios caminos. Examinemos cuidadosamente las razones bíblicas que dirigieron a la Providencia a la elección de la familia de Abraham como depositaria de la verdad divina.

El mundo antediluviano había sido muy favorecido por Dios. El tiempo de vida de cada generación era doce veces mayor que el de la edad actual del hombre. Durante casi mil años, Adán, que había conversado con Dios en el paraíso, había estado con ellos. Antes de la muerte de Adán, Enoc comenzó su santa caminata de trescientos años, y luego fue trasladado para que no viera la muerte. El testimonio de la piedad de Enoc fue una demostración poderosa, para los antediluvianos, en favor de la verdad y la rectitud. Además, el Espíritu de Dios se esforzó por la humanidad; sin embargo, la perversidad del hombre triunfó sobre todos los gentiles cuidados del Espíritu Santo. "Vio Jehová que la maldad de los hombres era mucha en la tierra, y que todo designio de los pensamientos de su corazón solo era de continuo el mal"[1]. Incluso los hijos de Dios se unieron en una apostasía general. Finalmente, de entre los adoradores del Altísimo, lo único que quedó fue una única familia.[2]

Entonces vino el diluvio, barriendo el mundo de sus habitantes culpables con la escoba de la destrucción[3]. Una demostración tan terrible de justicia divina podría haber sido considerada como suficiente para limitar la impiedad durante varios siglos. Por cierto, la familia de Noé no olvidaría muy rápido esta terrible lección. Pero, por desgracia la rebelión y la apostasía rápidamente continuaron, y los hombres se volvieron de Dios a la adoración de los ídolos. En contra del mandato divino de que la familia humana se distribuyera en naciones[4], la humanidad se unió en un gran acto de rebelión, en la llanura de Sinar. "Después dijeron: 'Vamos, edifiquémonos una ciudad y una torre cuya cúspide llegue al cielo; y hagámonos un nombre, por si fuéramos esparcidos sobre la faz de toda la tierra'"[5]. Entonces, Dios los confundió en su impiedad y los dispersó sobre toda la tierra. A los hombres no les gustaba conservar a Dios en su mente, por lo cual Dios los entregó a una mente depravada, y les permitió cambiar la verdad de Dios en una mentira, adorar y servir a la criatura antes que al Creador. Tal fue el origen de la idolatría y de la apostasía de los gentiles[6].

En medio de esta extensa apostasía del hombre, se encontró a uno cuyo corazón era fiel a Dios. Abraham fue elegido de una familia idólatra, como depositario de la verdad divina, padre de los fieles, heredero del mundo y amigo de Dios.[7] Cuando no quedaban más adoradores de Dios que la familia de Noé, Dios abandonó al resto de la humanidad para que pereciera en el diluvio. Ahora que los adoradores de Dios se reducen de nuevo a casi una sola familia, Dios entrega las naciones idólatras a sus propios caminos, y toma a la familia de Abraham como su herencia especial. "Porque lo conozco", dijo Dios, "yo sé que mandará a sus hijos, y a su casa después de sí, que guarden el camino de Jehová haciendo justicia y juicio"[8]. Para preservar en la tierra el conocimiento de la verdad divina, la memoria y la adoración del Altísimo, ellos serían un pueblo apartado de toda la humanidad, y habitando en una tierra de su propiedad. Para que pudieran estar separados de los paganos de alrededor, Dios le dio a Abraham el rito de la circuncisión, y a su descendencia después, toda la ley ceremonial[9]. Pero no pudieron poseer la tierra preparada para ellos hasta que la iniquidad de los amorreos, sus habitantes, fuese completamente despojada de delante de ellos. El terror de una gran oscuridad y el humo visto por Abraham en visión, prefiguraba el horno de hierro y la amarga servidumbre de Egipto.

Sin embargo, la familia de Abraham debía descender a aquella tierra. A una breve prosperidad le sigue una larga y terrible opresión.[10] Al final, el poder del opresor se rompe, y el pueblo de Dios es liberado. Al cumplirse cuatrocientos treinta años desde la promesa a Abraham, se marca la hora de la liberación de su descendencia.[11] La nación de Israel es sacada de Egipto como el tesoro especial de Dios, para que Él les dé Su Sábado, Su Ley y a Él mismo. El salmista testifica que Dios "sacó a su pueblo con gozo; con júbilo a sus escogidos. Les dio las tierras de las naciones y las labores de los pueblos heredaron, para que guardaran sus estatutos y cumplieran sus leyes".[12] Y el altísimo dijo "Yo soy Jehová, que os santifico, y os saqué de la tierra de Egipto para ser vuestro Dios".[13]

No es que los mandamientos de Dios, Su Sábado y Él mismo, no tuvieran existencia previa, ni que el pueblo ignorara al verdadero Dios y a Su ley, porque el Sábado fue designado para un uso santo aun antes de la caída del hombre, y los mandamientos de Dios, Sus estatutos y Sus leyes fueron guardados por Abraham. Incluso los mismos israelitas, cuando algunos de ellos habían violado el sábado, fueron reprendidos con la pregunta: "¿Hasta cuándo os negaréis a guardar mis mandamientos y mis leyes?"[14]. En cuanto al Altísimo, el salmista exclama: "Antes que nacieran los montes y formaras la tierra y el mundo, desde el siglo y hasta el siglo, tú eres Dios".[15] Pero debe haber una aceptación formal de parte del pueblo hacia Dios, Su ley y Su sábado; y de Dios al pueblo mismo.[16] Pero ni el sábado, ni la ley, ni el Gran Legislador, por su conexión con los hebreos, vienen a ser judíos. El Dador de la Ley se convirtió en el Dios de Israel[17], y ¿qué "pagano" le negará la adoración por esa razón? Pero el día de reposo siguió siendo el sábado de Jehová[18], y la ley siguió siendo la ley del Altísimo.

En el mes siguiente de haber pasado por el Mar Rojo, los hebreos llegaron al desierto de Sin. Es en ese punto de la narración de Moisés en que se menciona por segunda vez el día de descanso santificado del Creador. El pueblo murmuró por pan:

Jehová dijo a Moisés: Mira, yo os haré llover pan del cielo. El pueblo saldrá y recogerá diariamente la porción de un día, para que yo lo pruebe si anda en mi ley, o no. Pero en el sexto día se prepararán para guardar el doble de lo que suelen recoger cada día. Yo he oído las murmuraciones de los hijos de Israel. Háblales y diles: 'Al caer la tarde comeréis carne, y por la mañana os saciaréis de pan. Así sabréis que yo soy Jehová, vuestro Dios...' Al llegar la tarde, subieron codornices que cubrieron el campamento, y por la mañana descendió rocío alrededor del campamento. Cuando el rocío cesó de descender, apareció sobre la faz del desierto una cosa menuda, redonda, menuda como escarcha sobre la tierra. Al verlo, los hijos de Israel se dijeron unos a otros: '¿Qué es esto?', porque no sabían qué era. Entonces Moisés les dijo: 'Es el pan que Jehová os da para comer. Esto es lo que Jehová ha mandado: Recoged de él cada uno según lo que pueda comer, un gomer por cabeza, conforme al número de personas en su familia; tomaréis cada uno para los que están en su tienda'. Los hijos de Israel lo hicieron así, y recogieron unos más, otros menos. Lo medían por gomer, y no sobró al que había recogido mucho, ni faltó al que había recogido poco; cada uno recogió conforme a lo que había de comer. Luego les dijo Moisés: 'Ninguno deje nada de ello para mañana'. Pero ellos no obedecieron a Moisés, sino que algunos dejaron algo para el otro día; pero crió gusanos, y apestaba. Y se enojó con ellos Moisés. Lo recogían cada mañana, cada uno según lo que había de comer; y luego que el sol calentaba, se derretía. En el sexto día recogieron doble porción de comida, dos gomeres para cada uno. Todos los príncipes de la congregación fueron y se lo hicieron saber a Moisés. Él les dijo: 'Esto es lo que ha dicho Jehová: "Mañana es sábado, el día de reposo consagrado a Jehová; lo que tengáis que cocer, cocedlo hoy, y lo que tengáis que cocinar, cocinadlo; y todo lo que os sobre, guardadlo para mañana"'. Ellos lo guardaron hasta el día siguiente, según lo que Moisés había mandado, y no se agusanó ni apestó. Entonces dijo Moisés: 'Comedlo hoy, porque hoy es sábado dedicado a Jehová; hoy no hallaréis nada en el campo. Seis días lo recogeréis, pero el séptimo día, que es sábado, nada se hallará'. Aconteció que algunos del pueblo salieron en el séptimo día a recoger, y no hallaron nada. Y Jehová dijo a Moisés: '¿Hasta cuándo os negaréis a guardar mis mandamientos y mis leyes? Mirad que Jehová os dio el sábado, y por eso en el sexto día os da pan para dos días. Quédese, pues, cada uno en su lugar, y nadie salga de él en el séptimo día'. Así el pueblo reposó el séptimo día.[19]

Esta narración muestra: (1) que Dios tenía una ley y mandamientos aun antes de dar el maná; (2) que Dios, al dar el pan del cielo a Su pueblo, tuvo el propósito de probarlos con respecto a Su ley; (3) que en esta ley ya estaba incluido el Santo Sábado, ya que la prueba se relacionaba directamente con el día de reposo. Cuando Dios dijo: "¿Hasta cuándo os negaréis a guardar mis mandamientos y mis leyes?" se refería a que había sido violado el sábado; (4) que existe evidencia de que el pueblo ya respetaba esta ley, debido a que Moisés no dio ningún nuevo precepto relacionado al sábado, sino que mantuvo relativo silencio con respecto a la preparación para el sábado hasta que el pueblo, por su propia voluntad, juntó una doble porción de maná en el sexto día; (5) que por este acto el pueblo demostró no sólo que ellos no eran ignorantes acerca del sábado, sino que estaban dispuestos a observarlo; (6) que el recuento de la semana, cuyos vestigios se muestran a través de la era patriarcal[20], se había guardado correctamente, debido a que el pueblo sabía cuándo había llegado el sexto día; (7) que dado que no existía duda alguna sobre ese punto, la caída del maná en los seis días, la retención de la doble porción en el séptimo y que no se descompusiera durante el día de reposo, resulta ser un punto incontrovertible[21]; (8) que no hubo ningún acto de instituir el Sábado en el desierto de Sin, porque Dios no lo hizo su día de reposo en ese entonces, ni lo bendijo ni santificó. Por el contrario, el registro muestra que el séptimo día ya era el día de descanso santificado del Señor[22]; (9) que la obligación de observar el Sábado existía y era conocido antes de la caída del maná, porque el lenguaje usado implica la existencia previa de tal obligación, pero no contiene una nueva promulgación hasta después de que algunas personas violaron el Sábado. Así dice Dios a Moisés: "Pero en el sexto día se prepararán para guardar el doble de lo que suelen recoger cada día", pero no habla del séptimo. Y al sexto día Moisés dijo: "mañana es sábado, el día de reposo consagrado a Jehová", pero él no les manda que lo observen. El séptimo día dice que es el sábado, y que no hallarán maná en el campo. "Seis días lo recogeréis, pero el séptimo día, que es sábado, nada se hallará". En todo esto no se encuentra un nuevo precepto; sin embargo, la existencia de tal precepto está claramente implícito; (10) que cuando algunas de las personas violaron el Sábado fueron reprobadas en un lenguaje que claramente implica una transgresión a un precepto previo: "¿Hasta cuándo os negaréis a guardar mis mandamientos y mis leyes?"; (11) y que esta represión, de parte del Dador de la Ley, refrenó por un tiempo la trasgresión del pueblo.

> *"Mirad que Jehová os dio el sábado, y por eso en el sexto día os da pan para dos días*[23]. *Quédese, pues, cada uno en su lugar, y nadie salga de él en el séptimo día".*[24]

Como un deber especial, Dios confió el Sábado a los Hebreos. Se les entregaba ahora, pero no fue hecho para ellos. Fue hecho para el hombre al final de la primera semana de tiempo. Pero cuando todas las otras naciones cambiaron el culto al Creador por el culto a los ídolos, el sábado le fue entregado al pueblo hebreo. Tampoco esto prueba que hasta ahora todos los hebreos lo habían ignorado. Porque Cristo usa el mismo lenguaje con respecto a la circuncisión. Él dijo así: "Por cierto, Moisés os dio la circuncisión –no porque sea de Moisés, sino de los padres"[25]. Sin embargo, Dios había ordenado ese precepto a Abraham y su familia cuatrocientos años antes de que fuese otorgado por Moisés, y había sido recordado y mantenido por ellos.[26]

El lenguaje, "El Señor te ha dado el Sábado", implica un acto solemne de confiar un tesoro a su protección. ¿Cómo se hizo esto? Aquí no tuvo lugar ningún acto de institución del sábado. No hay precepto alguno ordenando su observancia hasta que algunos del pueblo lo violaron, y fue dado en forma de reproche. Esto evidenciaba una obligación anterior, y que estaban transgrediendo una ley existente. Esta opinión es ciertamente reforzada por el hecho de que no se dio al pueblo ninguna explicación sobre su institución. Un hecho que indica que ya estaba en poder del pueblo algún tipo conocimiento sobre el sábado.

Pero entonces, ¿cómo Dios les dio el sábado? Hizo lo siguiente. Primero, los liberó de una servidumbre abyecta en Egipto, donde eran una nación de esclavos. Segundo, les proveyó alimento de una manera tal que imponía una fuerte obligación de guardar el sábado. Durante cuarenta años les dio pan del cielo, enviándolo por seis días, reteniéndolo en el séptimo y preservando la comida durante el día de reposo. Así el sábado fue especialmente confiado a ellos.

Como un regalo a los hebreos, el gran monumento del Creador se convirtió en una señal entre Dios y ellos mismos. "Les di mis Sábados, para que fueran una señal entre mí y ellos, para que supieran que yo soy el Señor que los santifico". Como señal, significa que su objetivo es dar a conocer al verdadero Dios. Y se nos dice por qué fue una señal: "para siempre será una señal entre mí y los hijos de Israel, porque en seis días hizo Jehová los cielos y la tierra, y en el séptimo día cesó y descansó"[27]. La institución en sí misma significaba que Dios creó los cielos y la tierra en seis días y descansó en el séptimo. Su observancia por parte del pueblo significaba que el Creador era su Dios. ¡Qué señal más llena de significado!

El sábado era una señal entre Dios y los hijos de Israel, porque ellos eran los adoradores del Creador. Todas las demás naciones se habían apartado de Él, hacia "dioses que no hicieron los cielos y la tierra"[28]. Por esta razón, el monumento del gran Creador fue confiado a los hebreos, y se convirtió en una señal entre el Altísimo y ellos mismos. En conclusión, el sábado era el vínculo de oro que unía al Creador y a sus adoradores.

NOTAS

1. Génesis 6:5
2. Se invita a revisar: Génesis 2-6; Hebreos 11:4-7; 1 Pedro 3:20 y; 2 Pedro 2:5.
3. Se invita a revisar: Génesis 7; Mateo 24:37-39; Lucas 17:26,27 y; 2 Pedro 3:5,6.
4. Deuteronomio 32:7,8; Hechos 17:26.
5. Génesis 11:4
6. Romanos 1:18-32; Hechos 14:16,17; 17:29,30.
7. Génesis 12:1-3; Josué 24:2,3,14; Nehemías 9:7,8; Romanos 4:13-17; 2 Crónicas 20:7; Isaías 41:8; Santiago 2:23.
8. Génesis 18:19
9. Génesis 17:9-14; 34:14; Hechos 10:28; 11:2,3; Efesios 2:12-19; Números 23:9; Deuteronomio 33:27,28.
10. Génesis 15; Éxodo 1-5; Deuteronomio 4:20.
11. Éxodo 12:29-42; Gálatas 3:17.
12. Salmo 105:43-45
13. Levíticos 22:32,33; Números 15:41.
14. Génesis 2:2,3; 26:5; Éxodo 16:4,27,28; 18:16
15. Salmo 90:2
16. Éxodo 19:3-8, 24:3-8; Jeremías 3:14, compare con la última parte de Jeremías 31:32.
17. Éxodo 20:2; 24:10.
18. Éxodo 20:10; Deuteronomio 5:14; y Nehemías 9:14.
19. Éxodo 16:4-30.

20 Génesis 7:4,10; 8:10,12; 29:27,28; 50:10; Éxodo 7:25 y Job 2:13.
21 Mediante este triple milagro, que ocurrió todas las semanas durante cuarenta años, el gran Dador de la Ley distinguió Su día sagrado. Por lo tanto, la gente estaba especialmente preparada para escuchar el cuarto mandamiento, que ordenaba la observancia del día que ya estaban descansando. Éxodo 16:35; Josué 5:12 y Éxodo 20: 8-11.
22 El capítulo 12 de Éxodo relata el origen de la pascua. Éste se encuentra en marcado contraste con Éxodo 16, que se supone que da origen al sábado. Si el lector compara los dos capítulos, verá la diferencia entre el origen de una institución, como se indica en Éxodo 12, y una simple referencia a una institución existente como en Éxodo 16. Si también se compara Génesis 2 con Éxodo 12, verá que uno da el origen del sábado de la misma manera que el otro da el origen de la pascua.
23 Esto implica que, primero, caía una cantidad mayor en dicho día y, segundo, la conservación para su consumo durante el sábado.
24 Éxodo 16:29. Este texto se refiere al momento de salir a buscar maná, como implica la conexión. El sábado había sido ordenado para las asambleas religiosas. Levíticos 23:3; Marcos 1:21; Lucas 4:16; Hechos 1:12; 15:21.
25 Juan 7:22
26 Génesis 17 y 34; Éxodo 4. Se dice que Moisés dio la circuncisión a los hebreos; sin embargo, es un hecho singular que la primera mención de esa ordenanza es puramente incidental, e implica claramente un conocimiento previo de su parte. Así está escrito: "Esta es la ley para la Pascua: ningún extraño comerá de ella. Pero todo siervo humano comprado por dinero comerá de ella, después que lo hayas circuncidado". Éxodo 12:43,44. De la misma manera como el sábado fue dado a Israel, el pueblo tampoco ignoraba la institución de la circuncisión.
27 Éxodo 31:17. También revisar: Ezequiel 20:12 y Éxodo 31:17.
28 Jeremías 10:10-12.

La Historia del Sábado

EL CUARTO MANDAMIENTO

Ahora nos acercamos al registro de sublime evento: el descenso personal del Señor al monte Sinaí.[1] El capítulo dieciséis de Éxodo, como hemos visto, es notable por el hecho de que Dios le dio a Israel el Sábado. Por otro lado, el capítulo diecinueve, es destacado por el hecho de que Dios se entregó a ese pueblo a través de un vínculo solemne, declarando así que ellos serían una nación santa para Él. Y finalmente, en el capítulo veinte, se encuentra el notable acto del Altísimo de entregar Su Ley a Israel.

Ha sido habitual hablar en contra del sábado y de la ley como si fueran judíos, porque fue dada a Israel. También se podría hablar contra el Creador, que los sacó de Egipto para ser su Dios, y que se define a sí mismo como el Dios de Israel.[2] Los hebreos fueron honrados por ser a quienes se les confió el sábado y la ley. Pero no se puede decir que el sábado, la ley y el Creador se hicieron judíos por esta conexión. Los escritores sagrados hablan de la alta exaltación de Israel al ser así depositarios de la ley de Dios.

> *"Ha manifestado sus palabras a Jacob, sus estatutos y sus juicios a Israel. No ha hecho así con ninguna otra de las naciones; y en cuanto a sus juicios, no los conocieron. ¡Aleluya!".[3] "¿Qué ventaja tiene, pues, el judío? ¿De qué aprovecha la circuncisión? De mucho, en todos los aspectos.*

> *Primero, ciertamente, porque les ha sido confiada la palabra de Dios"* [4] *"Que son israelitas, de los cuales son la adopción, la gloria, el pacto, la promulgación de la Ley, el culto y las promesas. A ellos también pertenecen los patriarcas, de los cuales, según la carne, vino Cristo, el cual es Dios sobre todas las cosas, bendito por los siglos. Amén."*[5]

Después de que el Altísimo hubiese desposado solemnemente al pueblo, como su tesoro peculiar en la tierra,[6] fueron sacados del campamento para encontrarse con Dios. "Todo el monte Sinaí humeaba, porque Jehová había descendido sobre él en medio del fuego. El humo subía como el humo de un horno, y todo el monte se estremecía violentamente".[7] Desde el medio del fuego Dios proclamó las diez palabras de su ley.[8]

El cuarto de estos preceptos es la gran ley del sábado. Así habló el gran Legislador:

> *Acuérdate del sábado para santificarlo. Seis días trabajarás y harás toda tu obra, pero el séptimo día es de reposo para Jehová, tu Dios; no hagas en él obra alguna, tú, ni tu hijo, ni tu hija, ni tu siervo, ni tu criada, ni tu bestia, ni el extranjero que está dentro de tus puertas, porque en seis días hizo Jehová los cielos y la tierra, el mar, y todas las cosas que en ellos hay, y reposó en el séptimo día; por tanto, Jehová bendijo el sábado y lo santificó.* [9]

El valor que el Dador de la Ley puso sobre el sábado se observa en que él lo consideró digno de un lugar en Sus diez mandamientos, lo que lo hace estar en medio de otros nueve preceptos morales inmutables. Tampoco se trata de un honor menor que el Altísimo haya nombrado uno por uno los grandes principios morales, hasta que todos fueron dados, y sin añadir ni uno más[10], incluyera en su lista la observancia de su día santificado de reposo. Este precepto es expresamente dado para hacer cumplir la observancia del gran monumento del Creador. Y a diferencia de los otros preceptos, éste remonta su obligación a la creación, donde ese monumento fue ordenado.

El sábado debe ser recordado y santificado porque Dios lo santificó, es decir, lo nombró para un uso santo, al final de la primera semana. Y esta santificación del día de reposo, cuando el primer séptimo día de tiempo pasó, fue el acto solemne de separar el séptimo día para apartar un tiempo y recordar el reposo del Creador. Así, el cuarto mandamiento alcanza el pasado, abarcando la institución del sábado en el paraíso, mientras que la santificación del sábado en el paraíso se extiende hacia adelante, a todo el tiempo que vendría. La narración en el desierto de Sin consolida admirablemente la unión entre estos dos tiempos. Así, en el desierto de Sin, antes del cuarto mandamiento, se encuentra el Sábado santo del Señor, con la obligación previa de observarlo, aunque en esa narración ningún mandamiento crea la obligación. Esta obligación se deriva de la misma fuente que el cuarto mandamiento, es decir, la santificación del sábado en el paraíso, demostrando que era un deber existente, y no un nuevo precepto. Porque nunca se debe olvidar que el cuarto mandamiento no traza su obligación al desierto de Sin, sino a la creación. Esta es la prueba decisiva de que el sábado no se originó en el desierto de Sin.

El cuarto mandamiento es notablemente bien definido. Primero, abarca el precepto: "Acuérdate del día de reposo para santificarlo". En segundo lugar, viene la explicación de este precepto: "Seis días trabajarás, y harás toda tu obra, pero el séptimo día es el Sábado de Jehová tu Dios: en él no harás ninguna obra, tú, ni tu hijo, ni tu hija, tu siervo, ni tu sierva, ni tu ganado, ni tu extranjero que esté dentro de tus puertas". En tercer lugar, presenta las razones en las que se basa el precepto, abarcando desde el origen de la institución sabática, a los mismos actos por los que se hizo, estableciendo todo mediante el ejemplo[11] del mismo legislador: "porque en seis días el Señor hizo el cielo y la tierra, el mar, y todo lo que en ellos hay, y descansó el séptimo día. Por tanto, el Señor bendijo el día de reposo y lo santificó".

Así, el día de descanso del Señor se distingue de los otros seis días en que Dios trabajó. La bendición y la santificación pertenecen al día del reposo del Creador. Por lo tanto, no puede haber ambigüedad en el precepto. No es sólo un día entre siete, sino que en ese día de los siete descansó el Creador, y sobre el cual puso su bendición. Y este día es claramente señalado por el nombre dado por Dios: "El séptimo día es el Sábado (es decir, el día de descanso) del Señor tu Dios".

Que el séptimo día del cuarto mandamiento sea el mismo séptimo día de la semana del Nuevo Testamento puede ser claramente demostrado. En el registro del entierro de nuestro Señor, Lucas escribe así:

"Era día de la preparación y estaba para comenzar el sábado. Las mujeres que lo habían acompañado desde Galilea lo siguieron y vieron el sepulcro y cómo fue puesto su cuerpo. Al regresar, prepararon especias aromáticas y ungüentos; y descansaron el sábado, conforme al mandamiento." [12] *"El primer día de la semana, muy de mañana, fueron al sepulcro llevando las especias aromáticas que habían preparado, y algunas otras mujeres con ellas".* [13]

Lucas testifica que estas mujeres guardaban "el día de reposo según el mandamiento".

El mandamiento dice: "El séptimo día es el sábado de Jehová tu Dios". Este día Sábado era el último o séptimo día de la semana, pues el día siguiente[14] era el primer día de la semana. Por lo tanto, el séptimo día del mandamiento es el séptimo día de la semana del Nuevo Testamento.

El testimonio de Nehemías es profundamente interesante: "Sobre el monte Sinaí descendiste, y hablaste con ellos desde el cielo, y les diste juicios rectos, leyes verdaderas, y estatutos y mandamientos buenos. Les diste a conocer tu Sábado santo, y por medio de Moisés, tu siervo, les prescribiste mandamientos, estatutos y la Ley".[15] Es notable que se dice que Dios dio a conocer el sábado cuando descendió sobre el monte, porque los hijos de Israel tenían ya el sábado por posesión cuando llegaron al Sinaí. Por lo tanto, este lenguaje debe referirse a ese completo despliegue de la institución sabática presentado en el cuarto mandamiento. Y se remarca la expresión: "Les diste a conocer TU sábado santo"[16]. No el Sabbath de ellos: este lenguaje claramente implica su existencia previa, y lleva la mente al origen de la institución del reposo del Creador[17].

La obligación moral del cuarto mandamiento, que tan a menudo se niega, puede ser claramente demostrada por la referencia al origen de todas las cosas. Dios creó el mundo y dio existencia al hombre en él. Le dio la vida y el aliento, y todas las cosas. El hombre, por lo tanto, le debe todo a Dios. Toda facultad de su mente, cada poder de su ser, toda su fuerza y todo su tiempo pertenecen al Creador. Fue, por lo tanto, por la benevolencia del Creador que le dio al hombre seis días para sus propias necesidades. Y al apartar el séptimo día para un uso santo en memoria de su propio descanso, el Altísimo se reservó a sí mismo uno de los siete días, cuando él podía reclamar todo como suyo, y con razón. Por lo tanto, los seis días son el regalo de Dios al hombre, para ser correctamente empleado en asuntos seculares, pero no el séptimo día, el don del hombre a Dios. El cuarto mandamiento, por lo tanto, no requiere que el hombre dé algo propio a Dios, sino que requiere que el hombre no se apropie de lo que Dios se ha reservado para su propia adoración. Observar este día es entonces entregar a Dios las cosas que son suyas, y apropiarnos de ellas es simplemente robar a Dios.

NOTAS

1. Para confirmar que el Señor estaba allí, en persona con sus ángeles, lea además la narración en Éxodo 19:20; 32-34, y los siguientes testimonios: Deuteronomio 33:2; Jueces 5:5; Nehemías 9:6-13 y Salmos 68:17.
2. Éxodo 24:10; Levíticos 22:32,33; Número 15:41 e Isaías 41:17.
3. Salmo 147:19,20.
4. Romanos 3:1,2.

5. Romanos 9:4,5. También lea Salmos 147:19,20 y Romanos 3:1,2. De la pluma del Sr. William Miller leemos: "Digo, y creo que soy apoyado por la Biblia, que la ley moral nunca fue dada a los judíos exclusivamente como pueblo, sino que fueron, por un tiempo, los guardianes de ella. Y a través de ellos, la ley, las profecías y el testimonio nos han sido transmitidos. Véase el razonamiento claro de Pablo en Romanos capítulos 2, 3 y 4 sobre ese punto". Miller's Life and Views, pág. 161.
6. Éxodo 19; Deuteronomio 7:6; 14:2; 2 Samuel 7:23; 1 Reyes 8:53 y Amós 3:1,2.
7. Éxodo 19:18
8. Éxodo 20:1-17; 34:28 y Deuteronomio 5:4-22; 10:4.
9. Éxodo 20:8-11.
10. Deuteronomio 5:22.
11. Dios que creó el mundo el primer día de la semana y completó su organización en seis días, descansó el séptimo día y se refrescó. Génesis 1 y 2, y Éxodo 31:17.
12. Lucas 23:54-56.
13. Lucas 24:1
14. Leer también Mateo 28:1 y Marcos 16:1,2.
15. Nehemías 9:13,14.
16. Esta expresión queda notablemente ilustrada en la declaración de Ezequiel 20:5, donde se dice que Dios se dio a conocer a Israel en Egipto. Este lenguaje no puede significar que las personas ignoraban al Dios verdadero, por muy malvados que pudieran ser, ya que habían sido el pueblo peculiar de Dios desde los días de Abraham. Éxodo 2:23-25; 3:6,7 y 4:31. El lenguaje implica la existencia previa tanto del Legislador como de su Sábado, cuando se dice que fueron "conocidos" por su pueblo.
17. Nunca debe olvidarse que el término "día de reposo" significa día de descanso; que el sábado del Señor es el día de reposo del Señor; y de ahí que la expresión, "Tu santo sábado", y la mente debe referirse al día de descanso del Creador, y a su acto de santificarlo y bendecirlo.

EL SÁBADO ESCRITO POR EL DEDO DE DIOS

Cuando la voz del Santo había cesado, "Moisés se acercó a la densa oscuridad en la que estaba Dios, pero los israelitas se mantuvieron a distancia"[1]. Luego continua una breve entrevista[2] en la que Dios le da a Moisés una serie de preceptos que, como un resumen de los estatutos ya entregados por Él, pueden clasificarse así: (1) los preceptos ceremoniales, señalando los bienes futuros; (2) los preceptos legales, destinados a la gobernanza civil de la nación; (3) y los preceptos morales, manifestando nuevamente pero de otra forma, los diez mandamientos. En esta breve entrevista el sábado no se olvida:

> *Seis días trabajarás, pero el día séptimo descansarán tus bueyes y tus asnos, y recobrarán sus fuerzas los esclavos nacidos en casa y los extranjeros.* [3]

Esta escritura provee pruebas indubitables de que el sábado fue hecho para la humanidad y para aquellas criaturas que comparten el trabajo con el hombre. El forastero y el extranjero debían guardarlo, y era para su descanso.[4] Pero esas mismas personas no podían participar de la pascua hasta que fueran hechas miembros de la iglesia hebrea por medio de la circuncisión.[5]

Cuando Moisés regresó al pueblo, repitió todas las palabras del Señor. A una sola voz todo el pueblo exclama: "Haremos todo lo que el Señor ha dicho".[6] Entonces Moisés escribió todas las palabras del Señor. "Después tomó el libro del pacto y lo leyó ante el pueblo, y ellos respondieron: 'Haremos todo lo que el Señor ha dicho, y le obedeceremos'". Entonces Moisés "tomó la sangre, roció al pueblo con ella y dijo: 'Ésta es la sangre del pacto que, con base en estas palabras, el Señor ha hecho con ustedes'".[7]

Así el camino quedaba preparado para que Dios otorgara una segunda señal de honra sobre su ley:

El Señor le dijo a Moisés: 'Sube a encontrarte conmigo en el monte, y quédate allí. Voy a darte las tablas con la ley y los mandamientos que he escrito para guiarlos en la vida' ...[8] En cuanto Moisés subió, una nube cubrió el monte, y la gloria del Señor se posó sobre el Sinaí.[9] Seis días la nube cubrió el monte. Al séptimo día, desde el interior de la nube el Señor llamó a Moisés...[10] A los ojos de los israelitas, la gloria del SEÑOR en la cumbre del monte parecía un fuego consumidor. Moisés se internó en la nube y subió al monte, y allí permaneció cuarenta días y cuarenta noches.[11]

Durante estos cuarenta días Dios le dio a Moisés un modelo del arca en el cual colocar la ley que había escrito sobre piedra, del propiciatorio para colocar sobre esa ley, y del santuario en el cual depositar el arca. También ordenó el sacerdocio, que debía ministrar en el santuario delante del arca.[12] Estas cosas fueron ordenadas. Y el Legislador que está a punto de confiar Su Ley, escrita por Él mismo, en manos de Moisés, vuelve a ordenar el Sábado:

El Señor le ordenó a Moisés: Diles lo siguiente a los israelitas: Ustedes deberán observar mis sábados. En todas las generaciones venideras, el sábado será una señal entre ustedes y yo, para que sepan que yo, el Señor, los he consagrado para que me sirvan. El sábado será para ustedes un día sagrado.

> *Obsérvenlo. Quien no lo observe será condenado a muerte. Quien haga algún trabajo en sábado será eliminado de su pueblo. Durante seis días se podrá trabajar, pero el día séptimo, el sábado, será de reposo consagrado al Señor. Quien haga algún trabajo en sábado será condenado a muerte. Los israelitas deberán observar el sábado. En todas las generaciones futuras será para ellos un pacto perpetuo, una señal eterna entre ellos y yo. En efecto, en seis días hizo el Señor los cielos y la tierra, y el séptimo día descansó. Y cuando terminó de hablar con Moisés en el monte Sinaí, le dio las dos tablas de la ley, que eran dos lajas escritas por el dedo mismo de Dios.[13]*

Esto debe compararse con el testimonio de Ezequiel, hablando en nombre de Dios:

> *Les di mis decretos, y les hice conocer mis leyes, que son vida para quienes los obedecen. También les di mis sábados como una señal entre ellos y yo, para que reconocieran que yo, el Señor, he consagrado los sábados para mí. Yo soy el Señor su Dios. Sigan mis decretos, obedezcan mis leyes, y observen mis sábados como días consagrados a mí, como señal entre ustedes y yo, para que reconozcan que yo soy el Señor su Dios.[14]*

Se observará que ninguno de estos textos enseña que el sábado fue hecho para Israel, y tampoco enseñan que fue hecho después que los hebreos salieran de Egipto. Tampoco parecen contradecir los textos que sitúan la institución del sábado en la creación. Pero aprendemos: (1) que fue el acto de Dios dar a los hebreos Su Sábado, y que lo convirtió en una señal entre ellos y él mismo, "Les di mis Sábados para ser una señal entre ellos y yo". Este acto de confiarles a ellos Su Sábado, ya ha sido mencionado;[15] (2) que iba a ser una señal entre Dios y los hebreos, "para que supieran que yo soy el Señor que los santifico". Dondequiera que en el Antiguo Testamento la palabra

"Señor" esté con mayúsculas, como en el párrafo anterior, se refiere a Jehová en el hebreo. Entonces, se está señalando que el Sábado fue apartado por Jehová, es decir, es el Dios infinito y auto-existente el que lo había santificado. Santificar es separar, apartar o designar, apara un uso santo, sagrado o religioso. Que la nación hebrea había sido de esta forma apartada de toda la humanidad, y de la manera más notable, es evidencia suficientemente. Pero, ¿quién fue el que los apartó de los otros pueblos? Como una respuesta amable a esta importante pregunta, se puede decir que Dios les dio a los hebreos su propio día sagrado de descanso. Pero ¿cómo podría este gran monumento del Creador determinar tal asunto? Lee las palabras del Altísimo: "Verdaderamente mis sábados", es decir, mis días de descanso, "guardaréis, porque es una señal entre mí y vosotros... es una señal entre mí y los hijos de Israel para siempre, porque en seis días Jehová hizo los cielos y la tierra, y en el séptimo día descansó y reposó". El Sábado como señal entre Dios e Israel era un testimonio perpetuo de que el que los había separado de toda la humanidad como su tesoro especial en la tierra, fue el mismo Ser que había creado los cielos y la tierra en seis días y descansaba en el séptimo. Por lo tanto, había la mayor seguridad posible de que el que los santificó, era el mismo Jehová.

Dios separó a los hebreos desde los días de Abraham. El que previamente no había llevado ningún nombre local, nacional ni de familia, tomó para sí mismo, desde ese momento hasta el final de su pacto con la raza hebrea, los títulos que señalan que él era su único Dios. Desde la elección de Abraham y de su familia en adelante, se designa a sí mismo como el Dios de Abraham, de Isaac, y de Jacob: el Dios de los hebreos y el Dios de Israel.[16] Sacó a Israel de Egipto para ser su Dios[17], y en el Sinaí se unió a ellos en solemne vínculo. Así lo hizo para separar o santificar a los hebreos, porque todas las demás naciones se habían entregado a la idolatría. Además, el Dios del cielo y de la tierra condescendió a entregarse a una sola raza y a separarlos de toda la humanidad. Debe observarse que no fue el sábado el que separó a Israel de todas las demás naciones, sino que fue la idolatría de todas las demás naciones lo que hizo que Dios separara a los hebreos para sí mismo. Y que Dios dio a Israel el sábado, que había santificado para la humanidad desde la creación, como la más expresiva señal de que, el que los santificaba, era el Dios vivo.

Fue el acto de Dios, al dar Su Sábado a los israelitas, el que lo convirtió en una señal entre ellos y él mismo. Pero el sábado no derivó su existencia al ser dado a los hebreos; porque era el antiguo día de reposo del Señor el que se les daba, y hemos visto [18]que no se refería a un nuevo mandamiento. Por el contrario, se trataba de una obligación ya existente. Pero era la providencia de Dios en favor de los hebreos: primero, en rescatarlos de la servidumbre abyecta y; segundo, al enviarles pan del cielo por seis días, y preservar el alimento para el sábado, lo que constituía del sábado, un regalo para ese pueblo. Y es muy destacable la forma en que este don fue otorgado, ya que demostraba quién era el que los santificó. Se convirtió en un regalo para los hebreos por la maravillosa providencia del maná: un milagro que no dejó de declarar abiertamente el sábado cada una de las semanas por un espacio de cuarenta años, mostrando así, incontrovertiblemente, que El que los condujo era el Autor del Sábado, y por lo tanto el Creador del cielo y de la tierra. Que el Sábado se hizo para el hombre, y que así fue dado a los hebreos ciertamente es tan notable como que el Dios de toda la tierra dio sus oráculos y a él mismo, a ese pueblo. El Altísimo, Su Ley y el Sábado no se hicieron judíos. Pero los hebreos fueron honrados al ser los depositarios de la verdad divina. El conocimiento de Dios y de Sus Mandamientos fue preservado en la tierra.

La razón en la que esta señal se basa apunta inequívocamente al verdadero origen del sábado. No se originó de la caída del maná por seis días y su cesación en el séptimo, sino que el maná fue dado de esa forma porque el Sábado ya existía, porque "en seis días el Señor hizo el cielo y la tierra, y en el séptimo día descansó y se reposó". Por lo tanto, en la declaración del origen del Sábado se observa que Dios mismo descansó y reposó en él, y no en la caída del maná. Como una INSTITUCIÓN, el sábado declara a su Autor como el Creador del cielo y la tierra, como señal[19] entre Dios e Israel, quien declaró que el que los había separado era ciertamente Jehová.

El último acto del Dador de la Ley en esta memorable entrevista fue poner en las manos de Moisés las "dos tablas del testimonio, tablas de piedra, escritas con el dedo de Dios". Posteriormente, le reveló a Moisés la triste apostasía del pueblo de Israel, y lo apresuró a descender a ellos.

> *Moisés volvió entonces del monte. Cuando bajó, traía en sus manos las dos tablas de la ley, las cuales estaban escritas por sus dos lados. Tanto las tablas como la escritura grabada en ellas eran obra de Dios... Cuando Moisés se acercó al campamento y vio el becerro y las danzas, ardió en ira y arrojó de sus manos las tablas de la ley, haciéndolas pedazos al pie del monte.*[20]

Entonces Moisés impuso una retribución a los idólatras, "y cayeron del pueblo en aquel día como tres mil hombres". Y Moisés regresó a Dios e intercedió en favor del pueblo. Entonces Dios prometió que su Ángel iría con ellos, pero que él mismo no estaría en medio de ellos, para no consumirlos.[21] Entonces Moisés presentó una súplica sincera al Altísimo para que él pudiera ver su gloria. Esta petición fue concedida, con la salvaguardia de que el rostro de Dios no debería ser visto.[22]

Pero antes de que Moisés subiera, para contemplar la majestad del infinito Dador de la Ley, el Señor le dijo:

> *Labra dos tablas de piedra semejantes a las primeras que rompiste. Voy a escribir en ellas lo mismo que estaba escrito en las primeras... Moisés labró dos tablas de piedra semejantes a las primeras, y muy de mañana subió con ellas al monte Sinaí, como se lo había ordenado el Señor. El Señor descendió en la nube y se puso junto a Moisés. Luego le dio a conocer su nombre. Y Señor pasó delante de él.*[23]

Entonces Moisés contempló la gloria del Señor, y "apresurándose, bajó la cabeza hasta el suelo y adoró". Esta entrevista duró cuarenta días y cuarenta noches, al igual que la primera, y parece haber sido utilizada por Moisés en la intercesión por el pueblo, para que Dios no lo destruyera por su pecado.[24] El registro de este período es muy breve, pero se menciona el sábado. "Trabaja durante seis días, pero descansa el séptimo. Ese día deberás descansar, incluso en el tiempo de arar y cosechar".[25] Así los amonestaba a que no olviden el Sábado del Señor, incluso en su estación más ocupada.

Este segundo período de cuarenta días termina igual como el primero, con el acto de Dios al colocar las tablas de piedra en las manos de Moisés. "Y Moisés se quedó en el monte, con el Señor, cuarenta días y cuarenta noches, sin comer ni beber nada. Allí, en las tablas, escribió los términos del pacto, es decir, los diez mandamientos". Así, se muestra que las tablas del testimonio eran dos tablas de piedra, con los mandamientos escritos por el dedo de Dios. Así, el testimonio de Dios se muestra en los diez mandamientos.[26]

La escritura en las segundas tablas era una copia exacta de las primeras. "Labra dos tablas de piedra semejantes a las primeras que rompiste. Voy a escribir en ellas..." dijo Dios, " lo mismo que estaba escrito en las primeras". Y de las primeras tablas Moisés dice: "El SEÑOR les dio a conocer su pacto, los diez mandamientos, los cuales escribió en dos tablas de piedra y les ordenó que los pusieran en práctica".[27]

Así Dios confió a su pueblo los diez mandamientos. Sin ningún agente humano o angelical, él mismo los proclamó. Y no confió en Moisés, su más honrado siervo, ni siquiera en un ángel de su presencia, él mismo los escribió con su propio dedo. "Acuérdate del día de reposo, para santificarlo", es una de las diez palabras honradas por el Altísimo. Tampoco, estos dos altos honores, son los únicos conferidos a este precepto. Si bien, comparte estos honores con los otros nueve mandamientos, está por delante de estos en que está establecido a través del EJEMPLO del propio Dador de la Ley.

Estos preceptos fueron dados sobre dos tablas, como referencia evidente a una doble división de la ley de Dios: el amor supremo a Dios y el amor a nuestro prójimo como a nosotros mismos. El mandamiento del Sábado, colocado al final de la primera tabla, forma el broche de oro que une ambas divisiones de la ley moral. Vigila y hace cumplir ese día que Dios reclama como suyo. Sigue al hombre a través de los seis días que Dios le ha dado para ser utilizado adecuadamente en las diversas actividades de la vida, y así se extiende a través de toda la vida humana, acogiendo al hombre en todos los deberes de la segunda tabla durante el préstamo de los otros seis días, mientras que pertenece a la primera tabla.

Estos diez mandamientos forman un completo código de ley moral el cual es validado por el lenguaje del Dador de la Ley cuando llamó a Moisés para recibirlo. "Sube a encontrarte conmigo en el monte, y quédate allí. Voy a darte las tablas con la ley y los mandamientos que he escrito para guiarlos en la vida". [28] Esta ley y los mandamientos son el testimonio de Dios grabado sobre la piedra. El mismo gran evento es presentado por Moisés en su bendición pronunciada sobre Israel: "Vino el SEÑOR desde el Sinaí: vino sobre su pueblo, como aurora, desde Seír; resplandeció desde el monte Parán, y llegó desde Cades Meriba con rayos de luz en su diestra".[29] No puede haber duda de que en este lenguaje el Altísimo está siendo representado personalmente con diez mil de sus santos, o ángeles. Y lo que escribió con su propia mano derecha es llamado por Moisés "una ley ardiente", o como lo muestra al final, "un fuego de la ley". Y ahora Moisés, el hombre de Dios, completa su sagrado deber y enumera lo que Dios le confió en su Ley, tal como Dios le ordenó que hiciera: "En esas tablas, que luego me entregó, el Señor escribió lo mismo que había escrito antes, es decir, los diez mandamientos que les dio a ustedes el día en que estábamos todos reunidos en asamblea, cuando habló desde el fuego en la montaña. En seguida bajé de la montaña y guardé las tablas en el arca que había hecho. Y allí permanecen, tal como me lo ordenó el Señor".[30] Así fue la ley de Dios depositada en el arca bajo el propiciatorio, y este capítulo no debe cerrarse sin señalar la importante relación del cuarto mandamiento con la expiación.

La tapa del arca era llamada el propiciatorio, porque todos los que habían violado la ley contenida en el arca bajo el propiciatorio podían obtener perdón al rociar la sangre de la expiación sobre ella.

La ley dentro del arca era la que exigía una expiación. La ley ceremonial que ordenó el sacerdocio levítico y los sacrificios por el pecado fue la que enseñó a los hombres cómo se podía hacer la expiación. La ley que había sido quebrantada estaba debajo del propiciatorio. La sangre de la ofrenda por el pecado era rociada sobre su tapa, y el perdón era extendido al pecador penitente. Había pecado real, y por lo tanto una ley real que el hombre había transgredido. Pero en ese entonces no hubo una verdadera expiación, y por lo tanto se necesitaba de un gran anti-tipo de los sacrificios levíticos. La verdadera expiación, cuando se hace, debe referirse a la ley verdadera, y no a la sombra de ella. En otras palabras, la sombra de la expiación (la expiación levítica)[31] se relacionaba con esa ley que estaba encerrada en el arca, indicando que hay una verdadera expiación exigida por esa ley. Es necesario que la ley que exija la expiación sea perfecta, para que su transgresor pueda ser salvado, de lo contrario la culpa descansaría, en parte sobre el pecador, y en parte sobre el mismo Dador de la Ley. Por lo tanto, cuando se hace la expiación, esta no quita la ley quebrantada, porque esa ley es perfecta, sino que está expresamente diseñada para quitar la culpa del transgresor.[32] Que se recuerde, entonces, que el cuarto mandamiento es uno de los diez preceptos de la ley quebrantada de Dios. Uno de los principios santos inmutables que hizo necesaria la muerte del único Hijo de Dios, y luego el perdón podía extenderse al hombre culpable. Teniendo en cuenta estos hechos, no será extraño que el Legislador se reserve la proclamación de tal Ley. Y que no confíe la escritura de esa ley a ningún ser creado que necesita, como expiación, la muerte del Hijo de Dios.

NOTAS

1 Éxodo 20:21.
2 Éxodo 20-24.
3 Éxodo 23:12.
4 Ver también Éxodo 20:10; Deuteronomio 5:14; Isaías 56.
5 Éxodo 12:43-48
6 Éxodo 24:3
7 Éxodo 24:8 y Hebreos 9:18-20
8 Éxodo 24:12
9 El Dr. Clarke tiene la siguiente nota sobre este verso: "Es muy probable que Moisés subiera al monte el primer día de la semana, y permaneciera con Josué dentro de la nube durante seis días, y el séptimo día, que era el Sábado, Dios le habló". Comentario sobre Éxodo 24:16. Si esto fuera correcto, indicaría que los diez mandamientos fueron dados en el día de reposo; porque parece haber buena evidencia de que fueron dados el día anterior al que Moisés subió a recibir las tablas de piedra. Para la entrevista de Dios con Moisés se presentada en los capítulos 21-23, solo se requería un breve tiempo, la que sin duda continuaría inmediatamente después que Dios le entregara los diez mandamientos. Ex.20: 18-21. Cuando concluyó la entrevista, Moisés descendió al pueblo y escribió las palabras del Señor. Por la mañana se levantó temprano y, habiendo ratificado el pacto, fue a recibir la ley que Dios había escrito. Éxodo 24: 3-13.
10 Éxodo 24:15,16.
11 Éxodo 24:18
12 Éxodo 25 al 31
13 Éxodo 31:12-18
14 Ezequiel 20:11,12,19,20.
15 Ezequiel 20:11,12,19,20.
16 Génesis 17:7,8; 26:24; 28:13; Éxodo 3:6,13-16,18; 5:3; e Isaías 45:3.
17 Levíticos 11:45
18 Ver el capítulo 3 de este libro.
19 Como una señal, no se convirtió en una sombra y una ceremonia, porque el Señor del Sábado era él mismo un signo. "He aquí, yo y los hijos que me dió Jehová, por señales y prodigios en Israel, de parte de Jehová de los ejércitos que mora en el monte de Sión", Isaías 8: 18. En Hebreos 2:13 este lenguaje se refiere a Cristo. "Y los bendijo Simeón, y dijo á su madre María: He aquí, éste es puesto para caída y para levantamiento de muchos en Israel; y para señal á la que será contradicho", Lucas 2:34. Que el sábado fue una señal entre Dios e Israel a lo largo de sus generaciones, es decir, por el tiempo en que fueron su pueblo especial, no cabe duda de eso. Tampoco cabe duda de que ahora es Jesús el signo del que se habla. Tampoco este lenguaje argumenta que el sábado fue hecho para ellos, y que su obligación cesó cuando dejaron de ser el pueblo de Dios. La prohibición de comer sangre era un estatuto perpetuo para sus generaciones, sin embargo, se le dio a Noé cuando Dios permitió alimentarse de los animales, y aún era obligatorio para los gentiles cuando los apóstoles los visitaron. Levíticos 3.17; Génesis 9:1-4; Hechos 15. Había pena de

muerte a manos del poder civil si se violaba el sábado. La misma pena se aplica a la mayoría de los preceptos de la Ley moral. Levíticos 20:9,10; 24: 15-17; Deuteronomio 13:6-18; 17: 2-7. Debería recordarse que la ley moral que abarca el sábado formaba parte del código CIVIL de la nación hebrea. Como tal, el gran Legislador vinculó las penas a los infractores, sin duda, como recordatorio de la retribución final a los impíos. Tales penas fueron suspendidas por notable instrucción del Salvador de que "aquellos que estaban sin pecado arrojaran la primera piedra". Pero Dios se levantará para castigar a los hombres, cuando las piedras de granizo de su ira desolaren la tierra. Nuestro Señor, sin embargo, no dejó de lado el castigo real de la ley, la paga del pecado, ni debilitó el precepto que había sido violado. Juan 8:1-9; Job 38:22,23; Isaías 28:17; Apocalipsis 16:17-21; Romanos 6:23.

20 Éxodo 32:15, 16, 19.
21 Este hecho arroja luz sobre aquellos textos que presentan el rol de los ángeles al momento en que se da la Ley. Hechos 7:38,53; Gálatas 3:19; Hebreos 2:2.
22 Éxodo 32 y 33.
23 Éxodo 34:1, 4-6.
24 Éxodo 34:1, 4-6.
25 Éxodo 34:21.
26 Éxodo 34:1,28; Deuteronomio 4:12,13; 5:22.
27 Deuteronomio 4:13
28 Éxodo 24:12
29 Deuteronomio 33:2
30 Deuteronomio 10:4,5
31 Paréntesis y contenido agregado por los traductores.
32 1 Juan 3:4,5.

EL SÁBADO DURANTE EL DÍA DE LA EXPIACIÓN

La historia del sábado, cuando el pueblo endureció su corazón en el desierto, y mantuvo a Dios afligido por cuarenta años, puede ser expresada en pocas palabras. Aún bajo el ojo de Moisés, y con los milagros más estupendos en su memoria, ante los ojos de Dios eran idólatras[1], negligentes en los sacrificios, negligentes en la circuncisión[2], murmuradores contra Dios, despreciadores de su Ley[3] y transgresores de Su Sábado.

De su comportamiento durante el sábado, mientras estaban en el desierto, Ezequiel nos da la siguiente descripción gráfica:

> *Pero se rebeló contra mí la casa de Israel en el desierto; no anduvieron en mis estatutos y desecharon mis decretos, por los cuales el hombre que los cumpla, vivirá; y mis sábados profanaron en gran manera. Dije, por tanto, que derramaría sobre ellos mi ira en el desierto para exterminarlos. Pero actué a causa de mi nombre, para que no fuera profanado a la vista de las naciones ante cuyos ojos los había sacado.*[4]

Este lenguaje muestra una violación general del sábado, y evidentemente se refiere a la apostasía de Israel durante los primeros cuarenta días que Moisés estuvo ausente de ellos. Fue entonces cuando Dios se propuso destruirlos. Pero, a través de la intercesión de Moisés, y un buen argumento, Dios los perdonó[5] y les concedió una segunda oportunidad que también violaron, de manera que Dios levantó Su mano sobre ellos para que no entraran en la tierra prometida. Así continúa el profeta:

> *También yo les alcé mi mano en el desierto, jurando que no los traería a la tierra que les había dado, la cual fluye leche y miel y es la más hermosa de todas las tierras; porque desecharon mis decretos, no anduvieron en mis estatutos y profanaron mis sábados, porque tras sus ídolos iba su corazón. Con todo, los miré con piedad: no los maté ni los exterminé en el desierto.*[6]

Este lenguaje indudablemente se refiere al acto de Dios de excluir de la tierra prometida a todos los que tenían más de veinte años.[7] Es de notar que la violación del sábado es claramente presentada como una de las razones por las cuales dicha generación fue excluida de la tierra prometida. En esta nueva segunda oportunidad Dios salva al pueblo de ser totalmente cortado de Su presencia, extendiendo una tercera oportunidad a la parte más joven de los israelitas. Así continúa el profeta:

> *Antes bien, dije en el desierto a sus hijos: 'No andéis en los estatutos de vuestros padres ni guardéis sus leyes ni os contaminéis con sus ídolos. Yo soy Jehová, vuestro Dios: andad en mis estatutos, guardad mis preceptos y ponedlos por obra. Santificad mis sábados, y sean por señal entre mí y vosotros, para que sepáis que yo soy Jehová, vuestro Dios'. Pero los hijos se rebelaron contra mí; no anduvieron en mis estatutos ni guardaron mis decretos para ponerlos por obra, por los cuales el hombre que los cumpla, vivirá; y profanaron mis sábados. Dije entonces que derramaría mi ira sobre ellos, para consumar mi enojo en ellos en el desierto. Sin embargo, retraje mi mano a causa de mi nombre, para que no fuera*

profanado a la vista de las naciones ante cuyos ojos los había sacado. También les alcé yo mi mano en el desierto, jurando que los esparciría entre las naciones y que los dispersaría por las tierras, porque no pusieron por obra mis decretos, sino que desecharon mis estatutos, profanaron mis sábados y tras los ídolos de sus padres se les fueron los ojos.[8]

Así, parece que la generación más joven, la misma que Dios salvó cuando excluyó a sus padres de la tierra prometida porque transgredieron la ley de Dios, igualmente contaminaron Su sábado y se aferraron a la idolatría. Dios no consideró conveniente excluirlos de la tierra de Canaán, sino que alzó su mano contra ellos en el desierto, para ser dispersos entre sus enemigos después de haber entrado a Canaán. Así se ve que los hebreos, mientras estuvieron en el desierto, sentaron las bases para su futura dispersión. Así que, lo que los llevó a su ruina final como nación fue la violación del sábado aun antes de que entraran en la tierra prometida. Bien les dijo Moisés en su último mes de vida: "Vosotros sois rebeldes contra Jehová desde el día que os conocí"[9]. En Caleb y Josué había otro espíritu, porque seguían al Señor plenamente.[10]

Tal es la historia general de la observancia sabática en el desierto. Incluso el milagro del maná, que durante cuarenta años, cada semana daba testimonio público del sábado[11], se convirtió para la mayoría de los hebreos en un simple acontecimiento ordinario, de modo que se atrevieron a murmurar contra el pan enviado así desde el cielo.[12] Bien podemos creer que aquellos que estaban endurecidos por el engaño del pecado, tenían poca consideración por el testimonio del maná en favor del sábado.[13] A continuación, en el registro mosaico, leemos lo siguiente del sábado:

Moisés convocó a toda la congregación de los hijos de Israel y les dijo: "Estas son las cosas que Jehová ha mandado que se hagan: Seis días se trabajará, pero el día séptimo os será santo, día de descanso para Jehová; cualquiera que haga en él algún trabajo, morirá. No encenderéis fuego en ninguna de vuestras casas en sábado".[14]

El principal elemento de interés en este texto se refiere a la prohibición de prender fuego en el día de reposo. Como esta es la única prohibición de este tipo en la Biblia, a menudo es utilizada como un argumento para no guardar el sábado. Viene bien un breve examen del problema. Debe observarse: (1) que esta instrucción no forma parte del cuarto mandamiento, la gran ley del sábado; (2) que existían leyes relacionadas con el sábado que no formaban parte de la institución sabática, sino que surgían para ser aplicadas sólo por los hebreos, como la ley para la presentación del pan de la proposición en el día de reposo[15]. Un segundo ejemplo es el del holocausto durante el sábado[16], donde este precepto pertenece exclusivamente a la nación hebrea, y no forma parte de la Gran Ley; (3) que así como había leyes sólo para los hebreos, también había otras muchas para ser cumplidas solo mientras ellos estaban en el desierto. Tales eran, por ejemplo, todos los preceptos relacionados con el maná, la construcción del tabernáculo y su colocación, la manera de acampar, etc.; (4) de esta clase eran todos los estatutos dados desde el momento en que Moisés trajo las segundas tablas de piedra, hasta el final del libro del Éxodo, a no ser que se trate de una excepción; (5) que la prohibición de prender fuego era una ley de esta clase, es decir, una ley diseñada sólo para el desierto, lo cual es evidente por las siguientes razones:

1. Durante una parte del año la tierra de Palestina es tan fría que el fuego es necesario para evitar sufrir.[17]
2. El sábado no fue diseñado para causar angustia y sufrimiento, sino que refrigerio, deleite y bendición.[18]
3. En el desierto de Sinaí, donde se dio este precepto con respecto al fuego en el día de reposo, no fue causa de sufrimiento, ya que estaban a doscientas millas al sur de Jerusalén, en el cálido clima de Arabia.
4. Es notorio que este precepto era de carácter temporal, porque mientras algunos estatutos se mencionan que eran perpetuos,

y que se debían practicar incluso después de entrar en la tierra prometida[19], no hay indicio de ello en este precepto. Por el contrario, parece tener un carácter similar al precepto relacionado al maná[20], ser coexistente con él y adaptado a él.
5. Si la prohibición relativa al fuego perteneciera efectivamente a la tierra prometida, y no sólo al desierto, cada pocos años entrarían directamente en conflicto con la ley de la pascua. Porque la pascua era asada por cada familia de los hijos de Israel, la tarde siguiente al día catorce del primer mes[21], que caería ocasionalmente en sábado. La prohibición del fuego en el día de reposo no entraba en conflicto con la pascua mientras los hebreos estuvieron en el desierto, porque la pascua no iba a ser observada hasta que llegaran a dicha tierra.[22] Pero si esa prohibición se extendía a la tierra prometida, donde la pascua debía ser observada regularmente, estos dos estatutos a menudo estarían en conflicto directo. Esta es ciertamente una fuerte confirmación del argumento de que la prohibición del fuego en el día de reposo era un estatuto temporal, que se refería sólo al desierto.[23]

De estos hechos se concluye que el tan usado argumento de la prohibición del fuego, indicando que el sábado era una institución local, y adaptada sólo a la tierra de Canaán, debe ser abandonado. Porque es evidente que esa prohibición era un estatuto temporal ni siquiera adaptado para la tierra prometida. Leemos a continuación, del sábado, como sigue:

Habló Jehová a Moisés y le dijo: "Habla a toda la congregación de los hijos de Israel y diles: 'Santos seréis, porque santo soy yo, Jehová, vuestro Dios. Cada uno temerá a su madre y a su padre. Mis sábados guardaréis. Yo, Jehová, vuestro Dios.'" "Mis sábados guardaréis, y por mi santuario tendréis reverencia. Yo, Jehová".[24]

Estas constantes referencias al sábado reflejan sorprendentemente la desobediencia general del pueblo. Y así Dios vuelve a hablar:

> *Seis días se trabajará, pero el séptimo día será de descanso, santa convocación; ningún trabajo haréis. Es el día de descanso dedicado a Jehová dondequiera que habitéis.*[25]

Así, Dios designa solemnemente Su día de descanso como un periodo de santo culto, y como el día de las asambleas religiosas semanales. Otra vez el gran Dador de la Ley establece Su sábado:

> *No haréis para vosotros ídolos ni escultura, ni os levantaréis estatua, ni pondréis en vuestra tierra piedra pintada para inclinaros ante ella, porque yo soy Jehová, vuestro Dios Guardad mis sábados y reverenciad mi santuario. Yo, Jehová.*[26]

El pueblo de Dios habría sido feliz si se hubieran abstenido de la idolatría y contemplaran cuidadosamente el día de descanso del Creador. Sin embargo, la idolatría y la transgresión del sábado fueron tan generales en el desierto que toda la generación que salió de Egipto fue excluida de la tierra prometida.[27] Después de que Dios hubo cortado así la herencia a los hombres que se habían rebelado contra él[28], leemos lo siguiente acerca del sábado:

> *Cuando los hijos de Israel estaban en el desierto, hallaron a un hombre que recogía leña en sábado. Los que lo hallaron recogiendo leña lo llevaron ante Moisés, Aarón y toda la congregación. Lo pusieron en la cárcel, porque no estaba determinado qué se le había de hacer. Entonces Jehová dijo a Moisés: "Irremisiblemente ese hombre debe morir: apedréelo toda la congregación fuera del campamento". La congregación lo sacó fuera del campamento, y lo apedrearon hasta que murió, como Jehová había mandado a Moisés.* [29]

Los siguientes hechos deben considerarse para explicar este texto: (1) se trataba de un caso especial de culpa. Toda la congregación delante de la cual este hombre estaba en juicio, y por quien fue condenado a muerte, también eran culpables de violar el sábado, y acababan de ser excluidos de la tierra prometida por este y otros pecados[30]; (2)

este no fue un caso general de pena de muerte por trabajar en el día de reposo, porque el hombre fue puesto en reclusión esperando la instrucción del Señor respecto a su culpabilidad. La peculiaridad de su transgresión puede ser entendida del contexto. Los versículos que preceden al caso en cuestión se leen así:

> *"Pero la persona que haga algo con soberbia, sea el natural o el extranjero, ultraja a Jehová; esa persona será eliminada de en medio de su pueblo. Por cuanto tuvo en poco la palabra de Jehová y menospreció su mandamiento, esa persona será eliminada por completo y su pecado caerá sobre ella".* [31]

Que el anterior caso se encuentre justo después de estas palabras, es porque el caso representa una ilustración de la instrucción divina. Es manifiesto, por lo tanto, que este fue un caso de pecado presuntuoso e intencionado, a pesar del Espíritu de gracia y de los estatutos del Altísimo. Por lo tanto, este caso no puede ser citado como prueba de un rigor extraordinario por parte de los hebreos al observar el sábado, porque tenemos pruebas directas de la contaminaron de este día durante los cuarenta años de su estancia en el desierto.[32] Por lo tanto, es un ejemplo de transgresión en el cual el pecador pretendía mostrar su desprecio por el Dador de la Ley, y de esto proviene su castigo peculiar.[33]

En el último mes de su larga y agitada vida, Moisés registró todos los grandes actos de Dios en favor de Su pueblo, con los estatutos y preceptos que les había dado. Este documento está contenido en el libro de Deuteronomio, cuyo nombre significa "segunda ley", lo que se aplica bien a ese libro, porque es una segunda escritura de la Ley. Es el adiós de Moisés a un pueblo desobediente y rebelde; donde se esfuerza por establecer la profunda necesidad del pueblo por obedecer a Dios. Así, cuando está a punto de registrar los diez mandamientos, utiliza un lenguaje evidentemente diseñado para imprimir en la mente de los hebreos el sentido de su obligación (individual) de hacer lo que Dios había ordenado. Así dice:

> *Llamó Moisés a todo Israel y les dijo: "Oye, Israel, los estatutos y decretos que yo pronuncio hoy en vuestros oídos. Aprendedlos y guardadlos, para ponerlos por obra. Jehová, nuestro Dios, hizo un pacto con nosotros en Horeb. No con nuestros padres hizo Jehová este pacto, sino con nosotros, todos los que estamos aquí hoy vivos".* [34]

No fue el acto de sus padres el que les impuso dicha responsabilidad, sino que sus propios actos individuales los llevaron a formar dicho pacto. Ellos se comprometieron personalmente al Altísimo a guardar estos preceptos.[35] Esa es la importancia del mensaje de Moises. Sin embargo, algunos señalan esto como prueba de que el Sábado del Señor fue hecho para los hebreos, y no era obligatorio para los patriarcas. Lo singular de esta suposición es que es utilizada solamente en contra del cuarto mandamiento, mientras que, si fuese realmente un argumento justo y lógico, mostraría que los antiguos patriarcas no tenían ninguna obligación con respecto a ningún precepto de la ley moral. Pero en verdad, el pacto en Horeb era sencillamente una encarnación de los preceptos de la ley moral, con compromisos mutuos entre Dios y el pueblo, y que ese pacto no dio existencia a ninguno de los diez mandamientos. Para todos los efectos, encontramos el sábado ordenado por Dios al final de la creación[36] y obligatorio para los hebreos en el desierto antes de que Dios les hubiera dado un nuevo precepto sobre el tema.[37] Y como esto fue antes del pacto en Horeb, es prueba concluyente que el sábado no se originó de ese pacto, así como tampoco la prohibición de la idolatría, el robo o el asesinato.

Entonces Moisés repite los diez mandamientos. Y así da el cuarto:

> *"Guardarás el sábado para santificarlo, como Jehová, tu Dios, te ha mandado. Seis días trabajarás y harás toda tu obra, pero el séptimo día es de reposo para Jehová, tu Dios. Ninguna obra harás tú, ni tu hijo, ni tu hija, ni tu siervo, ni tu sierva, ni tu buey, ni tu asno, ni ningún animal tuyo, ni el extranjero*

que está dentro de tus puertas, para que tu siervo y tu sierva puedan descansar como tú. Acuérdate de que fuiste siervo en tierra de Egipto, y que Jehová, tu Dios, te sacó de allá con mano fuerte y brazo extendido, por lo cual Jehová, tu Dios, te ha mandado que guardes el sábado.[38]

Es un hecho destacable que estos textos son citados transversalmente por los que escriben en contra del sábado, como si fuera el original cuarto mandamiento, mientras que el precepto que sí es el original es cuidadosamente excluido. Sin embargo, existe evidencia muy fuerte de que este no es el precepto original. Porque Moisés repite estas palabras al final de la estancia de cuarenta años, mientras que el mandamiento original fue dado en el tercer mes después de la salida de Egipto.[39] El mandamiento mismo, como aquí se da, contiene una prueba directa sobre este punto. Dice así "Guarda el día de reposo, para santificarlo, como Jehová tu Dios te ha mandado". Aquí se está citando el estatuto original. Además, el precepto que aquí se da esta evidentemente incompleto. No contiene ninguna pista sobre el origen del Sábado del Señor, ni muestra los actos por los cuales el Sábado llegó a existir. Por eso, los que se refieren al sábado como proveniente del desierto y no desde la creación, citan esto como el cuarto mandamiento, y omiten el precepto original, que Dios mismo proclamó, donde todos estos hechos están claramente señalados.[40]

Pero mientras Moisés, en este resumen, omite una gran parte del cuarto mandamiento, todo el tiempo se refiere al precepto original, y luego anexa a este registro una poderosa súplica de obligación por parte de los hebreos a guardar el sábado. Debe recordarse que muchas de las personas habían persistido constantemente en la violación del sábado, y que esta es la última vez que Moisés habla en su nombre. Así dice:

Acuérdate de que fuiste siervo en tierra de Egipto, y que Jehová, tu Dios, te sacó de allá con mano fuerte y brazo extendido, por lo cual Jehová, tu Dios, te ha mandado que guardes el sábado.[41]

Estas palabras se citan a menudo como prueba de que el sábado se originó en la partida de Israel de Egipto, y que fue ordenado en ese momento como un memorial de su liberación. Pero hay que notar que: (1) este texto no dice una sola palabra sobre el origen del sábado o del día de reposo del Señor; (2) todos los hechos sobre este punto están dados en el cuarto mandamiento original, y están referidos a la creación; (3) no hay razón para creer que Dios descansó en el séptimo día en el momento de la huida de Egipto, ni que bendijo y santificó el día; (4) no hay nada en el sábado como para que sea una especie de conmemoración de la liberación de Egipto, ya que esa era una huida, y esto es un descanso. Esa fuga fue el día quince del primer mes, y el descanso es al séptimo día de cada semana. El primero se conmemoraría una vez al año, y el otro semanalmente; (5) pero Dios ordenó un memorial digno de esa liberación para ser observado por los hebreos: la pascua, el día catorce del primer mes, en memoria de que Dios pasó sobre ellos cuando hirió a los egipcios, y la fiesta de los panes sin levadura, en memoria de que comieron este pan cuando huyeron de Egipto.[42]

Entonces, ¿qué quieren decir estas palabras? Tal vez su significado puede ser más fácilmente entendido si es comparado con un paralelo exacto encontrado en el mismo libro y de la pluma del mismo escritor:

No torcerás el derecho del extranjero ni del huérfano, ni tomarás en prenda la ropa de la viuda, sino que te acordarás de que fuiste siervo en Egipto y que de allí te rescató Jehová, tu Dios. Por tanto, yo te mando que hagas esto. [43]

Se observa a primera vista que este precepto no fue dado para conmemorar la liberación de Israel de la esclavitud egipcia, ni podía dicha liberación dar existencia a la obligación moral expresada en ella. Si Moisés expresa, en el primer caso, que los hombres no estaban obligados a guardar el sábado antes de la liberación de Israel de Egipto, es prueba que en el segundo caso, antes de esa liberación, no estaban obligados a tratar con justicia y misericordia el extranjero, huérfano y viuda. Y si el sábado era un asunto judío, en el otro, el estatuto del Gran Legislador en favor de los necesitados y los indefensos deben tener el mismo destino. Es evidente que en cada caso, este lenguaje, es un llamamiento al sentimiento de gratitud. Fueron esclavos en Egipto, y Dios los rescató, por lo tanto, "recuerda, pues, a los que están en angustia, y no los oprimas". Eran esclavos en Egipto, y Dios los redimió. "Santifica, pues, al Señor el día que se ha reservado a sí mismo". Es un poderoso llamamiento a aquellos que hasta entonces habían persistido en transgredirlo. La liberación de la servidumbre abyecta era necesaria, en efecto, en cada caso, para que las cosas ordenadas pudieran ser plenamente observadas. Pero esa liberación no dio existencia a ninguno de estos deberes. Fue ciertamente uno de los actos por los cuales el sábado del Señor fue dado a esa nación, pero no fue uno de los actos por los cuales Dios hizo el sábado, ni hizo que el día de reposo del Señor fuera una institución judía.

Es evidente que las palabras grabadas en piedra eran los diez mandamientos originales. Se dice de las primeras tablas:

> *Entonces Jehová habló con vosotros de en medio del fuego; oísteis la voz de sus palabras, pero a excepción de oir la voz, ninguna figura visteis. Y él os anunció su pacto, el cual os mandó poner por obra: los diez mandamientos, y los escribió en dos tablas de piedra.*[44]

Así, las primeras tablas de piedra contenían los diez mandamientos. Que las segundas tablas eran una copia exacta de lo que se escribió en la primera, se dice claramente:

> *Jehová dijo a Moisés: "Prepara dos tablas de piedra, como las primeras, y escribiré sobre esas tablas las palabras que estaban en las tablas primeras que quebraste".*[45] *"Yo escribiré en esas tablas las palabras que estaban en las primeras tablas que quebraste, y tú las pondrás en el Arca".*[46]

Esto queda confirmado por el siguiente testimonio:

Moisés estuvo allí con Jehová cuarenta días y cuarenta noches; no comió pan ni bebió agua. Y escribió en tablas las palabras del pacto, los diez mandamientos.[47] El escribió en las tablas lo mismo que había escrito antes: los diez mandamientos que Jehová había proclamado en el monte de en medio del fuego, el día de la asamblea. Y me las entregó Jehová.[48]

Estos textos explicarán el siguiente lenguaje:

Jehová me dio las dos tablas de piedra escritas por el dedo de Dios, y en ellas estaban escritas todas las palabras que os habló Jehová en el monte, de en medio del fuego, el día de la asamblea.[49]

Así se dice que Dios escribió en las tablas, según todas las palabras que él habló en el día de la asamblea.[50] Y estas palabras que él escribió así, se dice que han sido DIEZ PALABRAS. Pero el prefacio del decálogo no era una de estas diez palabras, y por lo tanto no fue escrito por el dedo de Dios sobre la piedra. Esta distinción debe ser atendida, y se verá examinando el siguiente texto y su conexión:

"Estas palabras las pronunció Jehová con potente voz ante toda vuestra congregación, en el monte, de en medio del fuego, la nube y la oscuridad, y no añadió más. Luego las escribió en dos tablas de piedra, que me entregó a mí".[51]

Estas palabras, como escritas por el dedo de Dios después de haber sido pronunciadas por él en el oído de todo el pueblo, deben ser entendidas como una de dos cosas: (1) son simplemente las diez palabras de la ley de Dios, o; (2) son las palabras usadas por Moisés en este registro del decálogo. Pero no pueden referirse a las palabras usadas en el resumen de Moisés; debido a que: (a) Moisés omite una parte importante del cuarto precepto dado por Dios en su proclamación en el monte; (b) en el registro de dicho precepto se cita de nuevo al original, por lo tanto el original se omite;[52] (c) añade a este precepto un llamamiento, en su nombre, a ser agradecidos. Cosa que Dios no hace en su Ley; (d) dicho texto sólo pretende ser un relato y no una copia fiel del original. Esto también es observado en otras muchas variaciones verbales del decálogo original.[53]

Estos hechos son decisivos en cuanto a lo que se puso sobre las tablas de piedra. No era una copia incompleta, citando a otra parte el original, sino que era el mismo estatuto original. Y por lo tanto, cuando Moisés habla de estas palabras grabadas en las tablas, no se refiere a las palabras usadas por él mismo en ese relato, sino a las diez palabras de la ley de Dios, y excluye todo lo demás.

Así hemos rastreado el sábado a través de los libros de Moisés. Hemos encontrado su origen en el paraíso, cuando el hombre estaba en rectitud. Hemos visto a los hebreos apartados de toda la humanidad como depositarios de la verdad divina. Hemos visto el Sabbath y toda la ley moral siendo una sagrada verdad para ellos. Hemos visto el sábado proclamado por Dios como uno de los diez mandamientos. La hemos visto escrita por el dedo de Dios sobre la piedra en el centro de la ley moral. Hemos visto que la ley no posee rasgos judíos, sino simplemente morales y divinos, y se coloca debajo del propiciatorio en el arca del testimonio de Dios. Hemos visto que varios preceptos relativos al sábado, fueron dados a los hebreos y diseñados sólo para ellos. Hemos visto que los hebreos contaminaron en gran medida el sábado durante su estancia en el desierto. Y hemos escuchado el llamamiento final, hecho por Moisés y en su propio nombre, a ese pueblo rebelde.

Establecemos así el fundamento de la institución sabática sobre su santificación antes de la caída del hombre. El cuarto mandamiento es su gran muralla defensiva. Su lugar en medio de la ley moral, bajo el propiciatorio, muestra su relación con la expiación y su obligación inmutable.

NOTAS

1. Éxodo 32; Josué 24:2,14,23; y Ezequiel 20:7,8,16,18,24.
2. Amós 5:25-27; Hechos 7:41-43; y Josué 5:2-8.
3. Números 14; Salmo 95; y Ezequiel 20:13.
4. Ezequiel 20:13,14
5. Revisar Éxodo 32.
6. Ezequiel 20:15-17
7. Números 14.
8. Ezequiel 20:18-24
9. Deuteronomio 9:24.
10. Números 14; y Hebreos 3:16.
11. Éxodo 16; Josué 5:12.
12. Números 11 y 21.
13. Una comparación de Éxodo 19; 20:18-21; 24:3-8, con el capítulo 32, mostrará la increíble transición de los hebreos, desde la fe y la obediencia, a la rebelión y la idolatría. Vea una historia general de estos hechos en el Salmo 78 y 106.
14. Éxodo 35:1-3.
15. Levíticos 24:5-9.
16. Números 28:9,10.
17. La Biblia abunda en hechos que confirman esta idea. Así, el salmista, en un discurso a Jerusalén, usa el siguiente lenguaje: "Da la nieve como lana y derrama la escarcha como ceniza. Echa su hielo como pedazos; ante su frío, ¿quién resistirá? Enviará su palabra y los derretirá; soplará su viento y fluirán las aguas. Ha manifestado sus palabras a Jacob, sus estatutos y sus juicios a Israel." Salmo 147:16-19. El Dr. Clarke tiene la siguiente nota sobre este texto: "En determinados momentos, el frío en el Este es tan intenso como para matar al hombre y la bestia. Jacobus de Vitriaco, uno de los escritores de la Gesta Dei per Francos, dice que en una expedición en la que se enfrentó al Monte Tabor, el 24 de diciembre, el frío fue tan intenso que muchos de los más pobres y las bestias de carga murieron junto a él. Y Albertus Aquensis, otro de estos escritores, hablando del frío en Judea, dice que treinta de las personas que participaron de la cruzada de Balduino I, en los distritos montañosos cerca del Mar Muerto, murieron en ella, y que en esa expedición tuvieron que lidiar con el granizo y un hielo horrible, con nieve y lluvia sin precedentes. De esta forma confirmamos que los inviernos son a menudo muy severos en Judea, y que en casos como los anteriores, podemos reclamar: "¡Quién puede resistir ese frío!" Vea su comentario del Salmo 147. Ver también Jeremías 36:22; Juan 18:18; Mateo 24:20; y Marcos 13:18. 1ra de Macabeos 13:22, menciona una gran tormenta de nieve en Palestina, por lo que los jinetes no podían marchar.
18. El testimonio de la Biblia sobre este punto es muy explícito. Por lo tanto, leemos: "Seis días trabajarás, pero el séptimo día reposarás, para que descansen tu buey y tu asno, y tomen refrigerio el hijo de tu sierva y el extranjero." Éxodo 23:12. Estar sin fuego en la severidad del invierno haría que el sábado fuera una maldición y no un refrigerio. Arruinaría la salud de todos aquellos que se exponen al aire libre,

y haría del sábado algo más que una fuente de enfriamiento. El profeta usa el siguiente lenguaje: "Si retrajeres del sábado tu pie, de hacer tu voluntad en mi día santo, y llamas al sábado deleite, el santo del Señor, honorable". El día de reposo fue diseñado por Dios para ser una fuente de deleite para su pueblo, y no una razón de sufrimiento. El carácter misericordioso y benéfico del sábado es mostrado en los siguientes textos: Mateo 12:10-13; Marcos 2:27,28; y Lucas 14:3-6. De ellos aprendemos que Dios considera los sufrimientos sus criaturas, y desea aliviarlos en el día de reposo; cuánto mayor la angustia y las necesidades de su pueblo, mayor refrigerio y deleite debe ser el sábado.

19 Éxodo 29:9; 31:16; Levíticos 3:17; 24: 9; Números 19:21; Deuteronomio 5:31; 6:1;7. El número y la variedad de estas alusiones sorprenderán al investigador.
20 Éxodo 16:23.
21 Éxodo 12; y Deuteronomio 16.
22 La ley de la pascua ciertamente contemplaba la llegada de los hebreos a la tierra prometida antes de su observancia regular. Éxodo 12: 25. De hecho, solo se observó una vez en el desierto: es decir, en el año siguiente a su partida de Egipto; y después de eso, se omitió hasta que entraron a la tierra de Canaán. Números 9 y Josué 5. Esto se demuestra, no solo por el hecho de que no se registran otros casos, sino porque la circuncisión fue omitida durante todo el período de su estancia en el desierto; y sin esta ordenanza, los niños habrían sido excluidos de la pascua. Éxodo 12 y Josué 5.
23 El Dr. Gil, es uno de los que consideró el sábado como una institución judía, que comenzaba con Moisés, y terminaba con Cristo, y que era un asunto en que los gentiles no debían preocuparse. En su punto de vista, acerca de esta cuestión del fuego en el día de reposo, no tuvo más remedio que decir la verdad. Él dice: "Esta ley parece ser temporal y no constante, ni se dice que sea a través de sus generaciones, como se menciona en otros lugares donde se da o se repite la ley del sábado; debía ser pausada para la construcción del tabernáculo, y duraba mientras no se terminara; y estaba diseñada para evitar todo trabajo público o privado en el día de reposo". Comentario sobre Éxodo 35:3. El Dr. Bound nos da la idea que tenía San Agustín de este precepto: "Él no los amonestará sin causa; porque se refería al momento de construir el tabernáculo, y de sus muebles, y manifiesta que, aunque trabajan en eso, deben descansar en el día de reposo, y sin quitarle énfasis (como se dice en el texto) ya que ni siquiera debían encender un fuego". La verdadera Doctrina del Sábado, p. 140.
24 Levíticos 19:1-3,30.
25 Levíticos 23:3.
26 Levíticos 26:1,2.
27 Ezequiel 20:15,16.
28 Números 13; 14.
29 Números 15:32-36.
30 Ezequiel 20:15,16 comparado con Números 14:35.
31 Números 15:30,31.
32 Ezequiel 20.

33 Hengstenberg, un distinguido anti-sabatista alemán, trata con franqueza este texto: "Un hombre que había recogido leña en sábado fue tomado por orden del Señor, y apedreado por toda la congregación delante del campamento. Calvino dice con razón: 'El hombre culpable no cayó por error, sino a través del gran desprecio de la ley, ya que él lo trató el asunto liviano, como para destruir todo lo que es santo'. Es evidente, por su introducción, que el relato no entrega ninguna referencia cronológica, sino que dice: 'Y mientras los hijos de Israel estaban en el desierto, encontraron a un hombre que recogió leña en el día de reposo'. 'Es simplemente un ejemplo de una presuntuosa violación de la ley, de la que hablan los versículos anteriores. Él era uno de los que despreciaba la palabra del Señor y quebrantaba sus mandamientos [versículo 31], uno que con soberbia pecó y despreció al Señor. Verso 30". El día del Señor, págs. 31, 32.
34 Deuteronomio 5:1-3.
35 Vea lo que promete el pueblo en Éxodo 19; 24.
36 Ver el segundo capítulo de este libro.
37 Revisar el tercer capítulo de este libro.
38 Deuteronomio 5:12-15.
39 Compare con Éxodo 19;20; y Deuteronomio 1.
40 Éxodo 20:8-11.
41 Deuteronomio 5:15
42 Éxodo 12 y 13.
43 Deuteronomio 24:17,18
44 Deuteronomio 4:12,13
45 Éxodo 34:1
46 Deuteronomio 10:2
47 Éxodo 34:28
48 Deuteronomio 10:4
49 Deuteronomio 9:10
50 Deuteronomio 9:10.
51 Deuteronomio 5:22
52 Deuteronomio 5:12-15, comparado con Éxodo 20:8-11.
53 Deuteronomio 5, comparado con Éxodo 20.

LAS FIESTAS, LUNAS NUEVAS Y LOS SÁBADOS DE LOS HEBREOS

Hemos revisado el sábado de Jehová a través de los libros de Moisés. Ahora es necesaria una breve revisión de las fiestas para tener una visión completa del sábado en los tiempos mosaicos. Había tres fiestas: la Pascua, el Pentecostés, y la fiesta de los tabernáculos. Se celebraba cada luna nueva, es decir, el primer día de cada mes durante todo el año. También había siete sábados anuales, a saber: (1) el primer día de los panes sin levadura; (2) el séptimo día de esa misma fiesta; (3) el día del Pentecostés; (4) el primer día del séptimo mes; (5) el décimo día de ese mismo mes; (6) el decimoquinto día de ese mes; y (7) el vigésimo segundo día del mismo mes. Además de todo esto, cada séptimo año sería el sábado de la tierra, y cada cincuenta años, el año del jubileo.

La pascua[1] toma su nombre del hecho de que el ángel del Señor pasó por encima de las casas de los hebreos, y el primogénito en cada familia egipcia fue asesinado, en una noche llena de acontecimientos. Esta fiesta fue ordenada en conmemoración de la liberación del pueblo hebreo de la esclavitud egipcia. Comenzó con la matanza del cordero pascual al día catorce del primer mes, y se extendió por un período de siete días, en el cual no se debía comer más que pan sin levadura. Su gran anti-tipo fue cuando Cristo se convirtió en nuestra Pascua, sacrificado por nosotros.[2]

El Pentecostés fue la segunda de las fiestas judías, y ocupó un solo día. Se celebró el día quincuagésimo después de que las primicias de la cosecha de cebada hubieran sido agitadas ante el Señor. En el tiempo de esta fiesta se ofrecían a Dios las primicias de la cosecha de trigo. El anti-tipo de esta fiesta fue alcanzado el quincuagésimo día después de la resurrección de Cristo, cuando tuvo lugar el gran derramamiento del Espíritu Santo.

La fiesta de los tabernáculos fue la última de las fiestas judías. Se celebraba en el mes séptimo cuando se había acumulado el fruto de la tierra, y se extendía desde el día quince hasta el vigésimo primer día de ese mes. Fue ordenado como una fiesta de regocijo delante del Señor. Durante este período los hijos de Israel moraban en cabañas en conmemoración de cómo vivían durante su estancia en el desierto. Es probable que esto tipifique el gran regocijo después de la reunión final de todo el pueblo de Dios, en su reino.[3]

En relación con esta fiesta se ordenó que cada luna nueva, es decir, el primer día de cada mes, se observara con ciertas ofrendas específicas, y con muestras de regocijo.[4] Los sábados anuales de los hebreos ya han sido mencionados. Los primeros dos de estos sábados fueron los primeros y séptimos días de la fiesta de los panes sin levadura, es decir, los días quince y veintiuno del primer mes. Fueron así ordenados por Dios:

> *Siete días comeréis panes sin levadura. El primer día haréis desaparecer toda levadura de vuestras casas... El primer día habrá santa convocación, y asimismo en el séptimo día tendréis una santa convocación. Ninguna obra se hará en ellos, excepto solamente que preparéis lo que cada cual haya de comer.*[5]

El tercero en orden, de los sábados anuales, fue el día de Pentecostés. Este festival fue ordenado como un día de descanso en el siguiente lenguaje:

En este mismo día convocaréis una reunión santa; ningún trabajo de siervos haréis. Estatuto perpetuo os será, dondequiera que habitéis, por vuestras generaciones.⁶

El primer día del séptimo mes fue el cuarto sábado anual de los hebreos. Así fue ordenado:

Habla a los hijos de Israel y diles: El primer día del séptimo mes tendréis día de descanso, una conmemoración al son de trompetas y una santa convocación. Ningún trabajo de siervos haréis, y presentaréis una ofrenda quemada a Jehová.⁷

El gran día de expiación fue el quinto de estos sábados. Así dijo el Señor a Moisés:

A los diez días de este séptimo mes será el día de expiación; tendréis santa convocación, afligiréis vuestras almas y presentaréis una ofrenda quemada a Jehová. Ningún trabajo haréis en este día, pues es día de expiación, para reconciliaros delante de Jehová, vuestro Dios. Toda persona que no ayune en este día, será eliminada de su pueblo. Y cualquier persona que haga algún trabajo en este día, yo haré perecer a la tal persona en medio de su pueblo. Así pues, ningún trabajo haréis. Estatuto perpetuo os será por vuestras generaciones, dondequiera que habitéis. Día de descanso será para vosotros, y ayunaréis, comenzando el día nueve del mes en la tarde; de tarde a tarde guardaréis vuestro descanso.⁸

El sexto y séptimo de estos sábados anuales fueron los días quince y veintidós del mes séptimo, es decir, el primer día de la fiesta de los tabernáculos, y el día después de su conclusión. Así fueron ordenados por Dios:

Pero a los quince días del séptimo mes, cuando hayáis recogido el fruto de la tierra, haréis fiesta a Jehová por siete días; el primer día será de descanso, y el octavo día será también día de descanso.⁹

Además de todo esto, cada séptimo año era un sábado de descanso para la tierra. El pueblo podía trabajar como de costumbre en otros asuntos, pero les estaba prohibido cultivar la tierra, para que la tierra pudiera descansar.[10] Después de siete de estos sábados, el siguiente o quincuagésimo año sería el año del jubileo, en el que a cada hombre se le debía restaurar su herencia.[11] No hay evidencia de que el jubileo haya sido observado alguna vez, y es seguro que el año sabático fue casi completamente desatendido.[12]

Tales eran las fiestas, las lunas nuevas y los sábados de los hebreos. Unas cuantas palabras bastarán para señalar la amplia diferencia entre ellas y el Sábado del Señor. La primera de las tres fiestas fueron ordenadas en memoria de su liberación de la esclavitud egipcia, y debían ser cumplidas cuando entraran en la tierra prometida.[13] La segunda fiesta, como hemos visto, no puede ser observada hasta después del asentamiento de los hebreos en Canaán, porque debía ser celebrada cuando las primicias de la cosecha de trigo eran ofrecidas delante del Señor. La tercera fiesta fue ordenada en memoria de su estadía en el desierto, y fue celebrada por ellos cada año después que se reunía toda la cosecha. Por supuesto, esta fiesta, como las demás, no pudo ser observada hasta el asentamiento del pueblo en su propia tierra. Las lunas nuevas, como ya se ha visto, no fueron ordenadas hasta después de que estas fiestas hubieran sido instituidas. Los sábados anuales formaban parte de estas fiestas y no podían existir hasta después de que se instituyeran las fiestas a las que pertenecían. Así, el primero y segundo de estos sábados fueron los primeros y séptimos días de la fiesta pascual. El tercer sábado anual era la fiesta de Pentecostés. El cuarto de estos sábados era el mismo que la luna nueva en el séptimo mes. El quinto fue el gran día de la expiación. El sexto y el séptimo de estos sábados anuales fueron los días quince y veintidós del mes séptimo, es decir, el primer día de la fiesta de los tabernáculos, y al día siguiente después del cierre de esa fiesta. Como estas fiestas no debían ser cumplidas hasta que los hebreos tuvieran su propia tierra, los sábados anuales no podrían existir hasta ese momento. Y así también los años sabáticos para la tierra. Estos no podrían existir hasta que los hebreos posean y cultiven su propia tierra. Después de seis años de cultivo, la tierra debe descansar el séptimo año, y permanecer sin cultivar. Después de siete de estos sábados de la tierra, viene el año del jubileo.

El contraste entre el Sábado del Señor y estos sábados hebreos[14] está fuertemente establecido.

1. El Sábado del Señor fue instituido al final de la primera semana de tiempo.[15] Mientras que estos fueron indicados en relación a las fiestas judías.
2. El uno fue bendecido y santificado por Dios, porque había descansado en él de la obra de creación. Los otros no tienen tal reclamación al respecto.
3. Cuando los hijos de Israel pasaron por el desierto, el Sábado del Señor era una institución existente, obligatoria para ellos. Pero los sábados anuales comenzaron a existir después. Es aparentemente fácil inferir que fue el acto divino de conducir a ese pueblo, el que dio la existencia a estos sábados, pero todas las referencias al "Sábado del Señor" muestran que había sido ordenado aun antes de que Dios eligiera al pueblo de Israel.
4. Los hijos de Israel fueron excluidos de la tierra prometida por violar el sábado de Jehová en el desierto. Pero los sábados anuales no debían ser observados hasta que entraran en esa tierra. Este contraste sería muy extraño si fuera verdad que el Sábado del Señor no fue instituido hasta que Israel hubo pasado por el desierto de Sin. Porque es seguro que dos de los sábados anuales fueron instituidos antes de abandonar la tierra de Egipto.[16]
5. El Sábado del Señor fue hecho para el hombre. Pero los sábados anuales fueron diseñados sólo para los residentes en la tierra de Palestina.
6. El uno era semanal, un memorial del reposo del Creador. Los otros eran anuales, relacionados con los recordatorios de la liberación de los hebreos de Egipto.

7. Uno es llamado "el Sábado del Señor", "mis sábados", "mi día santo", y cosas semejantes. Mientras que los otros son designados como "sus sábados", "sus días", y expresiones similares.[17]
8. Uno fue proclamado por Dios como uno de los diez mandamientos, y fue escrito con Su dedo en medio de la ley moral sobre las tablas de piedra, y fue depositado en el arca bajo el propiciatorio. Los otros no pertenecían a la ley moral, sino que pertenecían a una colección de ordenanzas que eran "una sombra" de las cosas buenas que vendrían.
9. La distinción entre estas fiestas y los sábados del Señor fue cuidadosamente marcada por Dios cuando dio la orden sobre las fiestas y sus sábados asociados. Dijo así:

> *Estas son las fiestas solemnes de Jehová, en las que convocaréis santas reuniones, para ofrecer ofrenda quemada a Jehová, holocausto y ofrenda, sacrificio y libaciones, cada cosa en su día, además de los sábados de Jehová, de vuestros dones, de todos vuestros votos y de todas las ofrendas voluntarias que acostumbráis dar a Jehová.*[18]

Los sábados anuales son presentados por Isaías en una luz muy diferente de aquella en la cual él mismo presenta el Sábado del Señor. Él dice:

> *No me traigáis más vana ofrenda; el incienso me es abominación. Luna nueva, sábado y el convocar asambleas, no lo puedo sufrir. Son iniquidad vuestras fiestas solemnes! Mi alma aborrece vuestras lunas nuevas y vuestras fiestas solemnes; me son gravosas y cansado estoy de soportarlas.*[19]

En contraste con esto, el mismo profeta habla del Sábado del Señor:

> *Si retraes del sábado tu pie, de hacer tu voluntad en mi día santo, y lo llamas "delicia", "santo", "glorioso de Jehová", y lo veneras, no andando en tus propios caminos ni buscando tu voluntad ni hablando tus propias palabras, entonces*

te deleitarás en Jehová. Yo te haré subir sobre las alturas de la tierra y te daré a comer la heredad de tu padre Jacob. La boca de Jehová lo ha hablado.[20]

Oseas enmarca cuidadosamente los sábados anuales en la siguiente profecía:

Haré cesar todo su gozo, sus fiestas, sus nuevas lunas, sus sábados y todas sus solemnidades.[21]

Esta profecía se pronunció acerca del 785 AC. Se cumplió, en parte, unos doscientos años después de esto, cuando Jerusalén fue destruida por Nabucodonosor. En el año 588 AC, Jeremías habla de este acontecimiento de esta forma:

Jerusalén, cuando cayó su pueblo en manos del enemigo y no hubo quien la ayudara, se acordó de los días de su aflicción, de sus rebeliones, y de todas las cosas agradables que tuvo desde los tiempos antiguos. La miraron los enemigos y se burlaron de su caída.[22]

Las fiestas del Señor debían ser observadas en el lugar que el Señor escogiera, es decir, Jerusalén.[23] Y cuando esa ciudad, que era el lugar de sus asambleas solemnes, fuese destruida y el pueblo mismo llevado en cautiverio, cesarían completamente sus fiestas. Entre ellos, los sábados anuales, que fueron días específicos de esas fiestas. Los adversarios se burlaban de sus sábados, debido a que los hebreos "¡lanzan gritos en la casa del SEÑOR como en día de fiesta!".[24] Pero la observancia del sábado del Señor no cesó con la dispersión de los hebreos de su propia tierra. Porque no era una institución local, como los sábados anuales. Su violación fue una de las causas principales del cautiverio a Babilonia[25], y su restauración final en su propia tierra fue condicionada a que lo observaran en su dispersión.[26] Las fiestas, las lunas nuevas y los sábados anuales fueron restaurados cuando los hebreos regresaron del cautiverio, y con algunas interrupciones, se mantuvieron hasta la destrucción final de su ciudad y nación por los romanos. Pero antes de que desapareciera la presencia de Dios de estas fiestas judías, todo el sistema típico fue abolido, habiendo comenzado su antí-tipo, cuando nuestro Señor Jesucristo expiró sobre la cruz. La escritura de estas ordenanzas fue abolida, y ya nadie debe ser juzgado con respecto a sus comidas, o bebidas, o días santos, o lunas nuevas, o sábados, ya que "Todo esto es sombra de lo que ha de venir; pero el cuerpo es de Cristo"; la realidad se halla en Cristo.[27]

Pero el Sábado del Señor no formó parte de aquellas ordenanzas. Porque fue instituido antes de que el pecado hubiera entrado en el mundo, y por consiguiente antes de que se necesitara la redención. Fue escrita por el dedo de Dios, y no en medio de tipos y sombras; más bien en el seno de la ley moral. De hecho, al día siguiente de que los sábados típicos fueran clavados en la cruz, el mandamiento del sábado, de la ley moral, fue expresamente reconocido. Por otra parte, incluso cuando las fiestas judías fueron totalmente extinguidas con la destrucción final de Jerusalén, aun así, fue el Sábado del Señor mantenido en la mente de su pueblo.[28]

Así hemos rastreado los sábados anuales hasta su cesación final, como había sido predicho por Oseas. Seguiremos rastreando el Sábado del Señor hasta que lleguemos a la época de la tierra nueva, cuando encontraremos a toda la multitud de los redimidos congregándose ante Dios para adorar en cada sábado, eternamente.

NOTAS

1   Del latín pascae que significa "pasar".
2   Éxodo 12; y 1ª Corintios 5:7,8.
3   Levíticos 23:34-43; Deuteronomio 16:13-15; Nehemías 8; y Apocalipsis 7:9-14.
4   Números 10:10; 28:11-15; 1ª Samuel 20:5,24,27; y Salmo 81:8.
5   Éxodo 12:15,16; Levíticos 23:7,8; Números 28:17,18,25.
6   Levíticos 23:21; Números 28:26
7   Levíticos 23:24,25; Números 29:1-6.
8   Levíticos 23:27-32.

9   Levíticos 23:39.
10 Éxodo 23:10,11; y Levíticos 25:2-7.
11 Levíticos 25:8-54.
12 Levíticos 26:34,35,43; y 2ª Crónicas 36:21.
13 Éxodo 12:25.
14 Sobre este punto Miller usa el siguiente lenguaje: "A Adán solo se le concedió un día de reposo, y solo queda uno para nosotros. Véase Oseas 2:11. 'Haré cesar todo su gozo, sus fiestas, sus lunas nuevas, sus sábados y todas sus solemnidades'. Todos los días de reposo judíos cesaron cuando Cristo los clavó en su cruz. Colosenses 2:14-17. Estos fueron, con propiedad, llamados sábados judíos. Oseas dice: "Sus sábados". Pero el Sábado del cual estamos hablando, Dios lo llama 'mi Sábado'. Aquí hay una clara distinción entre el sábado de la creación y el ceremonial. El uno es perpetuo, los otros eran simplemente sombras de cosas buenas que vendrían". Life and Views, págs. 161, 162.
15 Recordar la definición de tiempo en el capítulo 1.
16 Éxodo 12:16.
17 Éxodo 20:10; 31:13; Isaías 58:13; comparado con Levíticos 23:24,32,39; Lamentaciones 1:7; y Oseas 2:11.
18 Levíticos 23:37,38.
19 Isaías 1:13,14.
20 Isaías 58:13,14.
21 Oseas 2:11.
22 Lamentaciones 2:5-7.
23 Deuteronomio 16:16; 2ª Crónicas 7:12; y Salmo 122.
24 Lamentaciones 2:7.
25 Jeremías 17:19-27; Nehemías 13:15-18.
26 Isaías 56. Ver el octavo capítulo de este libro.
27 Colosenses 2:17
28 Ver el capítulo 10 de este libro.

EL SÁBADO DESDE DAVID HASTA NEHEMÍAS

Cuando dejamos atrás los libros de Moisés, encontramos un silencio prolongado en la historia del sábado.[1] No se encuentra ninguna mención en el libro de Josué, ni en el de Jueces, ni en el libro de Rut, ni en los dos libros de Samuel, ni tampoco en el primer libro de Reyes. El sábado no aparece mencionado hasta que llegamos al segundo libro de los Reyes. Sin embargo, en el primer libro de Crónicas, que es una narración en paralelo a los dos libros de Samuel, el sábado si se menciona[2] con referencia a algunos acontecimientos de la vida de David. Sin embargo, esto deja un período de quinientos años en que la Biblia guarda silencio acerca del sábado.

Durante dicho período tenemos la historia del pueblo hebreo, desde su entrada en la tierra prometida hasta el establecimiento de David como su rey, abarcando muchos detalles de la vida de Josué, de los ancianos y los jueces de Israel: Gedeón, Barac, Jefté, Sansón, Elí, Noemí y Rut, Ana y Samuel, Saúl, Jonatán y David. Sin embargo, en todo este registro minucioso, no tenemos ninguna mención directa del sábado.

Es un uno de los argumentos preferidos entre los anti-sábado como prueba de la total omisión del sábado durante la era patriarcal. El libro del Génesis, que da una imagen distintiva acerca del origen del sábado en el Paraíso, al final de la primera "semana de tiempo", y que no registra la vida de los patriarcas, no dice nada relativo a su observancia. Sin embargo, dicho libro se encuentra lleno de acontecimientos relacionados al sábado, durante dos mil trescientos setenta años. Entonces, ¿qué debería indicar el hecho de que seis libros sucesivos de la Biblia, que cuentan con minuciosidad quinientos años de historia, y los cuales involucran muchas circunstancias en que se podría mencionar el sábado, no lo menciona en absoluto? ¿El silencio de un libro, que sin embargo da la institución del sábado desde su comienzo y que posee un registro de casi dos mil cuatrocientos años, demuestra que no había guardadores del sábado antes de Moisés? Lo que si queda probado es que, de estos seis libros de la Biblia, que se limitan a acontecimientos ocurridos durante quinientos años (en promedio, menos de cien años cada uno), en conjunto abarcan un periodo de alrededor de un quinto del tiempo abarcado por el libro de Génesis, pero ¿realmente conservan un silencio absoluto con respecto al sábado?

Nadie discutirá que el silencio es evidencia de una total negligencia al guardar el sábado durante este período. Pero ¿por qué no? ¿Es porque cuando la narración trae de nuevo el sábado, después de este largo silencio, lo hace como una casualidad y no como una nueva institución? Precisamente ese es el caso cuando se menciona por segunda vez el sábado en el registro mosaico, el que aparece después del silencio en el Génesis.[3] ¿Es porque el cuarto mandamiento había sido dado a los hebreos, mientras que en ningún precepto anterior había sido dado a la humanidad? Esta respuesta no puede ser admitida, porque hemos visto que la sustancia del cuarto mandamiento fue dada a la cabeza de la familia humana. Y es cierto que cuando los hebreos salieron de Egipto estaban obligados a guardar el sábado en respuesta a la ley existente.[4] Por lo tanto, es aún más concluyente el argumento de que no hubo guardadores del sábado de Moisés a David, que de Adán a Moisés. Sin embargo, nadie intentará mantener la primera posición, pero hay muchos que intentan afirmar esta última.

Varios hechos se narran en la historia de este período de cinco siglos que llaman nuestra atención. El primero de ellos se encuentra en la historia del sitio de Jericó.[5] Por la orden de Dios la ciudad fue cercada por los hebreos, cada día durante siete días. En el último día de los siete, la rodearon siete veces. Y finalmente, por participación divina, los muros fueron derribados delante de ellos y la ciudad tomada por asalto.

Uno de aquellos siete días debió haber sido el Sábado del Señor. ¿En esta ocasión, el pueblo de Dios, no violó el sábado? Que los siguientes hechos respondan: (1) lo que hicieron en este caso fue por orden directa de Dios; (2) lo que está prohibido en el cuarto mandamiento es nuestra propia voluntad: "Seis días trabajarás, y harás TODO TU TRABAJO, pero el séptimo día es el sábado de Jehová tu Dios". El que reservó el séptimo día para sí mismo, tenía el derecho de exigir su uso para su servicio, como lo considerara conveniente; (3) el acto de rodear la ciudad fue, estrictamente, como una procesión religiosa. El arca del pacto de Jehová era llevada delante del pueblo, y delante del arca siete sacerdotes soplaban las trompetas de cuernos de carneros; (4) Tampoco la ciudad habría sido muy extensa, de lo contrario habría sido imposible darle la vuelta siete veces en el último día y tener tiempo para su completa destrucción; (5) tampoco se puede creer que los hebreos, por el mandamiento de Dios de que llevaran el arca delante de ellos, y que contenía las diez palabras del Altísimo, estaban violando la cuarta de esas palabras: "Acuérdate del día de reposo para santificarlo." Es cierto que uno de esos siete días en los que se rodeaba a Jericó era el sábado, pero no hay necesidad de suponer que éste haya sido el día en que la ciudad fue tomada. Tampoco es una conjetura razonable cuando se consideran todos los hechos del caso. Sobre este incidente el Dr. Clarke observa lo siguiente:

> *"No parece que pudiera haber ninguna violación en el día de reposo por el pueblo, simplemente dando la vuelta a la ciudad, en compañía del arca, y de los sacerdotes que tocaban las trompetas sagradas. Ésta era una mera procesión religiosa,*

realizada por mandato de Dios, en la que no se realizó ningún trabajo servil." [6]

A la petición de Josué, le agradó a Dios detener la revolución de la tierra, y así hacer que el sol permaneciera inmóvil durante un tiempo para que los cananeos pudieran ser derrotados por Israel[7] ¿Acaso este gran milagro no alteró el sábado? De ningún modo puede la extensión de uno de los seis días, por la intervención de Dios, impedir la llegada del real séptimo día, aunque lo retrasaría. Tampoco podía destruir su identidad. El asunto implica un problema para aquellos que sostienen la teoría de que Dios santificó la séptima parte del tiempo, y no el séptimo día. Porque, en este caso, la séptima parte del tiempo no fue asignada al sábado. Pero no hay problema para aquellos que creen que Dios separó el séptimo día para ser guardado, en memoria de su propio descanso. A uno de los seis días se le asignó una mayor longitud que antes. Sin embargo, esto no contradecía, en lo más mínimo, el séptimo día que finalmente llegó. Además, todo esto era mientras aquellos hombres inspirados estaban en plena acción. Lo que fue por la directa providencia de Dios. Y lo que también debe recordarse particularmente, que este acontecimiento sucedió en un momento en que nadie negará que el cuarto mandamiento estaba en plena vigencia.

Es digno de destacar el caso en que David come del pan de la proposición, ya que probablemente tuvo lugar un día de reposo, y porque es citado por nuestro Señor en una destacada conversación con los fariseos.[8] La ley de los panes de proposición ordenaba poner doce panes de cuatro kilos en el santuario sobre la mesa de oro puro delante del Señor, TODOS los sábados.[9] Cuando el nuevo pan era colocado delante del Señor cada sábado, el viejo era llevado para ser comido por los sacerdotes.[10] Al parecer, el pan de la proposición que fue dado a David, había sido sacado de delante de Jehová para poner pan caliente en su lugar, y por consecuencia, aquel día era el sábado. Así que, cuando David pidió pan, el sacerdote dijo: "No hay pan común a mi alcance, pero hay pan santificado". Y David dijo: "desde un punto de vista, el pan ya es común, especialmente porque en este día hay un nuevo pan santificado en la mesa". Y el escritor sagrado añade: "El sacerdote le dio el pan santificado, porque no había otro pan, sino el pan que se tomó de delante del Señor, para poner pan caliente en el día en que fue llevado". Las circunstancias de este caso favorecen la opinión de que esto sucedió un día sábado: (1) el sacerdote no tenía pan común. Esto no es extraño cuando se recuerda que el pan de la proposición debía ser tomado de delante del Señor cada sábado y comido por los sacerdotes; (2) el sacerdote no se ofreció a prepararle pan, lo que no es extraño si se entiende que es sábado; (3) la sorpresa del sacerdote al encontrarse con David pudo haber sido, en parte, debido al hecho de que era el sábado; (4) esto también puede explicar la detención de Doeg ese día ante el Señor; (5) cuando nuestro Señor fue llamado a defender la conducta de sus discípulos, que habían arrancado y comido espigas en el sábado para satisfacer su hambre, citó como justificación el caso de David y el de los sacerdotes que ofrecían sacrificios en el templo en sábado. Hay una maravillosa claridad y armonía en esta cita, si se entiende que dicho suceso con David fue durante el día de reposo. Pero este asunto posee una luz muy diferente a la vista de los anti-sábados.[11]

Se puede señalar aquí un asunto que nunca debe olvidarse. La presentación del pan de la proposición y la ofrenda de los sacrificios quemados en el día de reposo, según lo ordenado en la ley ceremonial, no formó parte de la institución sabática original. Porque el sábado fue hecho antes de la caída del hombre. Mientras que las ofrendas quemadas y los ritos ceremoniales en el santuario fueron introducidos como consecuencia de la caída. Mientras estos ritos estaban en vigor, necesariamente, y en alguna medida, conectaron el sábado con las fiestas de los judíos en las cuales se hicieron las mismas ofrendas. Esto sólo se ve en las escrituras cuando registran la provisión hecha para estas ofrendas.[12] Cuando la ley ceremonial fue clavada en la cruz, todas las fiestas judías dejaron de existir, porque eran ordenadas por ella.[13] Pero la derogación de esa ley sólo podía quitar los ritos que se habían añadido al sábado, dejando la institución original precisamente como fue dada por su autor.

La referencia más temprana al sábado, después de los días de Moisés, se encuentra en lo que David y Samuel ordenaron respecto a los oficios de los sacerdotes y levitas en la casa de Dios. Es la siguiente:

> *Y algunos de los hijos de Coat, y de sus hermanos, tenían a su cargo los panes de la proposición, los cuales ponían por orden cada sábado.*[14]

Se observará que esto es sólo una mención accidental del sábado. Tal alusión, que ocurre después de un largo silencio, es una prueba decisiva de que el sábado no se había olvidado ni perdido durante los cinco siglos en que no había sido mencionado por los historiadores sagrados. Después de esto, el día de reposo no se menciona directamente, desde los días de David hasta los de Eliseo el profeta, un período de aproximadamente ciento cincuenta años. Tal vez el salmo 92 es una excepción a esta declaración, ya que su título, tanto en hebreo como en español, declara que fue escrito para el día de reposo[15], y es muy probable que haya sido compuesto por David, el dulce cantor de Israel.

Habiendo muerto el hijo de la sunamita, ésta buscó al profeta Eliseo. Su esposo, sin saber que el niño estaba muerto, le dijo:

> *"¿Para qué vas a verlo hoy?", le preguntó su esposo. "No es luna nueva ni día de reposo". "Quédate tranquilo", respondió ella.*[16]

Es probable que aquí el sábado del Señor esté incluido intencionalmente, ya que se usa así tres veces en una conexión similar.[17] Si esto es correcto, muestra que los hebreos estaban acostumbrados a visitar a los profetas de Dios en ese día para la instrucción divina. En relación con la recolección del maná, hay un muy buen comentario sobre estas palabras: "Que ningún hombre salga de su lugar en el séptimo día".[18] También se hace una alusión fortuita al sábado, en el momento de la adhesión de Joás al trono de

Judá[19], aproximadamente en el 778 AC. En el reinado de Uzías, nieto de Joás, el profeta Amós, 787 AC, utiliza el siguiente lenguaje:

Oíd esto, los que explotáis a los menesterosos y arruináis a los pobres de la tierra, diciendo: "¿Cuándo pasará el mes y venderemos el trigo; y la semana, y abriremos los graneros del pan? Entonces achicaremos la medida, subiremos el precio, falsearemos con engaño la balanza, compraremos a los pobres por dinero y a los necesitados por un par de zapatos, y venderemos los desechos del trigo".[20]

Estas palabras se pronunciaron más directamente con respecto a las diez tribus, e indican el triste estado de apostasía que, poco después, resultó en su derrocamiento como pueblo. Cerca de cincuenta años después de esto, al final del reinado de Acaz, se encuentra otra alusión al sábado.[21] En los días de Ezequías, alrededor del 712 AC, el profeta Isaías usa el siguiente lenguaje para hacer cumplir el sábado:

Así ha dicho Jehová: "Guardad el derecho y practicad la justicia, porque cerca de venir está mi salvación y de manifestarse mi justicia". Bienaventurado el hombre que hace esto, el hijo del hombre que lo abraza: que guarda el sábado para no profanarlo, y que guarda su mano de hacer lo malo. Que el extranjero que sigue a Jehová no hable diciendo: "Me apartará totalmente Jehová de su pueblo", ni diga el eunuco: "He aquí, yo soy un árbol seco". Porque así dijo Jehová: "A los eunucos que guarden mis sábados, que escojan lo que yo quiero y abracen mi pacto, yo les daré lugar en mi casa y dentro de mis muros, y un nombre mejor que el de hijos e hijas. Les daré un nombre permanente, que nunca será olvidado. Y a los hijos de los extranjeros que sigan a Jehová para servirle, que amen el nombre de Jehová para ser sus siervos; a todos los que guarden el sábado para no profanarlo, y abracen mi pacto, yo los llevaré a mi santo monte y los recrearé en mi casa de oración; sus holocaustos y sus sacrificios serán aceptados sobre mi altar, porque mi casa será llamada casa de oración para todos los pueblos". Dice Jehová el Señor, el que reúne a los dispersos de Israel: "Aún reuniré en él a otros, junto con los ya reunidos.[22]

Esta profecía presenta varios elementos de interés: (1) se refiere a un periodo de tiempo en que la salvación de Dios se encuentra cerca;[23] (2) muestra claramente que el Sábado no era una institución judía, porque pronuncia una bendición sobre todo hombre que guarde el sábado, sin referirse a la nacionalidad; y luego particulariza al hijo del extranjero, es decir, al gentil[24], y le hace una promesa especial si guarda el sábado; (3) esta profecía se refiere a Israel cuando son tenidos por parias, es decir, cuando están en plena dispersión, prometiendo reunirlos, y a los gentiles con ellos. Por supuesto, hay una condición que debe ser cumplida para que ellos sean reunidos en el Monte Santo de Dios, a saber, el amar el nombre del Señor, ser sus siervos y cuidarse de no contaminar el sábado; (4) por lo tanto, el sábado no es una institución local, susceptible de ser observada solo en la tierra prometida, como los sábados anuales[25], sino que estaba hecho para toda la humanidad, y posible de ser observado por los desterrados de Israel cuando estaban esparcidos por toda la tierra.[26]

Isaías vuelve a presentar el sábado. Lo hace en un lenguaje que lo distingue enfáticamente de todas las otras instituciones ceremoniales. Así dice:

Si retraes del sábado tu pie, de hacer tu voluntad en mi día santo, y lo llamas "delicia", "santo", "glorioso de Jehová", y lo veneras, no andando en tus propios caminos ni buscando tu voluntad ni hablando tus propias palabras, entonces te deleitarás en Jehová. Yo te haré subir sobre las alturas de la tierra y te daré a comer la heredad de tu padre Jacob. La boca de Jehová lo ha hablado.[27]

Este lenguaje es un mensaje evangélico basado en el cuarto mandamiento. Le agrega una gran y preciosa promesa, que es el de mantenerse en la tierra prometida a Jacob, la tierra nueva.[28]

En el año 601 AC, trece años antes de la destrucción de Jerusalén por Nabucodonosor, Dios le ofreció al pueblo judío, por medio de Jeremías, la bendición de que, si guardaban su sábado, su ciudad permanecería para siempre. Al mismo tiempo les anunció que si no lo hacían, su ciudad sería totalmente destruida. Así dijo el profeta:

> *y diles: "¡Oíd la palabra de Jehová, reyes de Judá, todo Judá y todos los habitantes de Jerusalén que entráis por estas puertas! Así ha dicho Jehová: Guardaos por vuestra vida de llevar carga en sábado y de meterla por las puertas de Jerusalén.[29] No saquéis carga de vuestras casas en sábado, ni hagáis trabajo alguno,[30] sino santificad el sábado, como mandé a vuestros padres. Pero ellos no escucharon ni inclinaron su oído, sino que endurecieron su corazón para no escuchar ni recibir corrección.[31] No obstante, si vosotros me obedecéis, dice Jehová, no metiendo carga por las puertas de esta ciudad en sábado, sino que santificáis el sábado y no hacéis en él ningún trabajo, entrarán por las puertas de esta ciudad, en carros y en caballos, los reyes y los príncipes que se sientan sobre el trono de David, ellos y sus príncipes, los hombres de Judá y los habitantes de Jerusalén; y esta ciudad será habitada para siempre. Y vendrán de las ciudades de Judá, de los alrededores de Jerusalén, de la tierra de Benjamín, de la Sefela, de los montes y del Neguev, trayendo holocausto y sacrificio, ofrenda e incienso, y trayendo sacrificio de alabanza a la casa de Jehová. Pero si no me obedecéis para santificar el sábado, para no traer carga ni meterla por las puertas de Jerusalén en sábado, yo haré descender fuego en sus puertas, que consumirá los palacios de Jerusalén y no se apagará.[32]*

Esta oferta llena de gracia, de parte del Altísimo a Su pueblo rebelde, no fue considerada por ellos. Ocho años después de esto, Ezequiel testifica así:

> *Al padre y a la madre despreciaron en ti; al extranjero trataron con violencia en medio de ti, y en ti despojaron al huérfano y a la viuda. Mis santuarios menospreciaste y mis sábados has profanado.[33] Sus sacerdotes violaron mi Ley y contaminaron mis santuarios; entre lo santo y lo profano no hicieron diferencia, ni distinguieron entre inmundo y limpio. De mis sábados apartaron sus ojos, y yo he sido profanado en medio de ellos.[34] Aun me hicieron más: contaminaron mi santuario en aquel día y profanaron mis sábados. Pues habiendo sacrificado sus hijos a sus ídolos, entraban en mi santuario el mismo día, para contaminarlo. ¡Y esto lo hicieron en medio de mi Casa![35]*

La idolatría y el quebrantamiento del sábado eran los grandes pecados de los hebreos en el desierto, lo que en ese momento cimentó el fundamento para la futura dispersión de su propia tierra. Y ahora, cuando su destrucción era inminente, debido al poder abrumador del rey de Babilonia, estaban tan profundamente unidos a estos pecados que no consideraban la voz de advertencia. En vez de entrar en el santuario de Dios en su día de reposo, ¡prefirieron matar a sus propios hijos en sacrificio a sus ídolos! Así, se colmó la iniquidad, y en extremo la ira llegó sobre ellos.

> *Pero ellos se mofaban de los mensajeros de Dios, y menospreciaban sus palabras, burlándose de sus profetas, hasta que subió la ira de Jehová contra su pueblo, y no hubo ya remedio. Por lo cual trajo contra ellos al rey de los caldeos, que mató a espada a sus jóvenes en la casa de su santuario, sin perdonar joven ni virgen, anciano ni decrépito; todos los entregó en sus manos. Asimismo todos los utensilios de la casa de Dios, grandes y chicos, los tesoros de la casa de*

Jehová, y los tesoros de la casa del rey y de sus príncipes, todo lo llevó a Babilonia. Quemaron la casa de Dios y derribaron el muro de Jerusalén, prendieron fuego a todos sus palacios y destruyeron todos sus objetos de valor. A los que escaparon de la espada los llevó cautivos a Babilonia, donde fueron siervos de él y de sus hijos hasta que vino el reino de los persas.[36]

Mientras los hebreos estaban en cautividad en Babilonia, Dios les ofreció restaurarlos a su propia tierra, darles de nuevo una ciudad y un templo, una gloria maravillosa.[37] La condición de esa oferta no fue considerada, y la gloria ofrecida nunca fue otorgada.[38] En esta oferta había varias alusiones al sábado del Señor, y también a las fiestas de los hebreos.[39] Una de estas alusiones merece particular atención, por la distinción con la que se discrimina entre el sábado y los otros días de la semana:

Así ha dicho Jehová, el Señor: La puerta del atrio interior que mira al oriente estará cerrada los seis días de trabajo, y el sábado se abrirá; y se abrirá también el día de la luna nueva.[40]

Seis días de la semana son por inspiración divina llamados "los seis días de trabajo". El séptimo es llamado el sábado del Señor ¿Quién se atreverá a confundir esta distinción tan marcada?

Después que los judíos habían regresado de la cautividad en Babilonia y habían restaurado su templo y ciudad, relatan todos los grandes acontecimientos de la providencia divina en su historia pasada en una asamblea solemne con todo el pueblo. Esto, en forma de un discurso al Altísimo. Así testifican sobre el sábado:

Sobre el monte Sinaí descendiste, y hablaste con ellos desde el cielo, y les diste juicios rectos, leyes verdaderas, y estatutos y mandamientos buenos. Les ordenaste guardar tu santo sábado, y por medio de Moisés, tu siervo, les prescribiste mandamientos, estatutos y la Ley.[41]

Así fue cómo todo el pueblo recordó los grandes acontecimientos del Monte Sinaí, la entrega de las diez palabras de la ley de Dios y la revelación de Su santo sábado. Tan profundamente impresionada estaba toda la congregación, con las consecuencias de su antigua desobediencia, que consignaron un pacto solemne para obedecer a Dios.[42] Se comprometieron mutuamente así:

> *Asimismo, que si los pueblos de la tierra vinieran a vender mercaderías y comestibles en sábado, nada tomaríamos de ellos en ese día ni en otro día santificado; y que el año séptimo dejaríamos descansar la tierra y perdonaríamos toda deuda.*[43]

Durante la ausencia de Nehemías en la corte persa, este pacto fue en parte, al menos, olvidado. Once años después, Nehemías testifica acerca de las cosas a su regreso, alrededor del 434 AC:

> *En aquellos días vi en Judá a algunos que pisaban en lagares en sábado, que acarreaban manojos de trigo y cargaban los asnos con vino, y también de uvas, de higos y toda suerte de carga, para traerlo a Jerusalén en sábado; y los amonesté acerca del día en que vendían las provisiones. También había en la ciudad tirios que traían pescado y toda mercadería, y vendían en sábado a los hijos de Judá en Jerusalén. Entonces reprendí a los señores de Judá y les dije: "¿Qué mala cosa es esta que vosotros hacéis, profanando así el sábado? ¿No hicieron así vuestros padres, y trajo nuestro Dios todo este mal sobre nosotros y sobre esta ciudad? ¿Y vosotros añadís ira sobre Israel profanando el sábado?". Sucedió, pues, que al caer la tarde, antes del sábado, ordené que se cerraran las puertas de Jerusalén y que no las abrieran hasta después del sábado;*[44] *y puse a las puertas algunos de mis criados, para que no dejaran entrar carga alguna en sábado. Una o dos veces, se quedaron fuera de Jerusalén los negociantes y los que vendían toda especie de mercancía. Pero yo les amonesté diciéndoles: "¿Por qué os quedáis vosotros delante del muro?*

Si lo hacéis otra vez, os echaré mano". Desde entonces no volvieron en sábado. Y dije a los levitas que se purificaran y fueran a guardar las puertas, para santificar el sábado. "¡También por esto acuérdate de mí, Dios mío, y perdóname según la grandeza de tu misericordia!".[45]

Esta escritura es un testimonio explícito de que, la destrucción de Jerusalén y el cautiverio de los judíos en Babilonia, fueron consecuencia de la profanación del sábado. Es una confirmación impresionante del lenguaje de Jeremías, ya notado, en el cual testificó a los judíos que, si ellos santificaban el sábado, su ciudad permanecería para siempre, pero que sería completamente destruida si persistían en su profanación. Nehemías da testimonio del cumplimiento de la predicción de Jeremías con respecto a la violación del sábado. Y con una solemne apelación, en su nombre, termina la historia del sábado en el Antiguo Testamento.

NOTAS

1. 2ª de Reyes 4:23.
2. 1ª Crónicas 9:32. Sobre la familia sacerdotal que ministraba los panes, sabemos que fue ordenada después del regreso de Babilonia; y que esta orden dada fue originalmente por David y Samuel. Ver los versos 1-32
3. Compare estos dos casos: Éxodo 16:23; y 1ª Crónicas 9:32.
4. Revisar los capítulos 2 y 3.
5. Josué 6.
6. Leer el comentario del Dr. A. Clarke de Josué 6:15.
7. Josué 10:12-14.
8. 1ª Samuel 21:1-6; Mateo 12:3,4; Marcos 2:25,26; y Lucas 6:3,4.
9. Levíticos 24:5-9; y 1ª Crónicas 9:32.
10. 1ª Samuel 21:5,6; y Mateo 12:4.
11. Ver el capítulo 10 de este libro.

12 1a Crónicas 23:31; 2ª Crónicas 2:4; 8:13; 31:3; Nehemías 10:31,33; Ezequiel 45:17.
13 Ver el capítulo 7 de este libro.
14 1a de Crónicas 9:32.
15 Cotton Mather dice: "Hay un salmo en la Biblia cuyo título es: 'Un Salmo o Canción para el día de reposo'. Hay una cláusula en ese salmo: '¡Oh Señor, cuán grandes son tus obras! Tus pensamientos son muy profundos'. Salmo 92:5. Esa cláusula sugiere lo que debería ser el tema de nuestra meditación en el día de reposo. Nuestros pensamientos deben estar en las obras de Dios". Discurso sobre el día del Señor, pág. 30, 1703. Y Hengstenberg dice: "Este salmo es, de acuerdo con el título, 'Una canción para el día de reposo'. El uso apropiado del sábado, aparece aquí, como una contemplación agradecida de las obras de Dios, y una absorción devocional en ellas, que solo podría existir cuando las ocupaciones ordinarias se dejan de lado". El día del Señor, págs. 36 y 37.
16 2ª Reyes 4:23.
17 Isaías 66;23; Ezequiel 46:1; Amós 8:5.
18 Éxodo 16:29.
19 2ª Reyes 11:5-9; y 2ª Crónicas 23:4-8.
20 Amos 8:4-6.
21 2ª Reyes 16:18.
22 Isaías 56:1-8.
23 Para la venida de esta salvación, véase Hebreos 9:28; y 1ª Pedro 1: 9.
24 Éxodo 12:48,49; Isaías 14:1; y Efesios 2:12.
25 Ver el capítulo 7.
26 Deuteronomio 28:64; y Lucas 21:24.
27 Isaías 58:13,14.
28 Mateo 8:11; Hebreos 11:8-16; y Apocalipsis 21.
29 En este texto, el Dr. A. Clarke comenta así: "De este y los siguientes versículos encontramos la ruina de los judíos debido a la violación del sábado: como ésto llevó a un descuido del sacrificio, las ordenanzas de la religión y todo asunto de adoración, necesariamente trajo consigo también toda la inmoralidad. La violación del sábado fue lo que dejó caer sobre ellos las aguas de la ira de Dios".
30 Para un comentario inspirado sobre este lenguaje, vea Nehemías 13:15-18.
31 Este lenguaje implica con claridad que la violación del sábado fue un asunto general entre los hebreos. Véase Jeremías 7:23-28.
32 Jeremías 17:20-27.
33 Ezequiel 22:7,8.
34 Ezequiel 22:26.
35 Ezequiel 23:38,39.
36 2a Crónicas 36:16-20.
37 Ezequiel capítulos 40 al 43.
38 Ezequiel 43:7-11.
39 Ezequiel 44:24; 45:17; 46:1,3,4,12.
40 Ezequiel 46:1.
41 Nehemías 9:13,14.
42 Nehemías 9:38; 10:1-31.
43 Nehemías 10:31.

44 Aquí pueden ser necesarias algunas pocas palabras relativas al momento en que comienza el sábado: (1) El cálculo de la primera semana de tiempo necesariamente determina el de todas las semanas subsiguientes. La primera división del día comenzó con la noche; y cada día de la primera semana comenzó con la noche; "la tarde y la mañana", una expresión equivalente a la noche y el día, constituían el día de veinticuatro horas. Génesis 1. Por lo tanto, el primer sábado comenzó y terminó con la noche; (2) Que la noche está considerada en las Escrituras como una parte del día de veinticuatro horas, se puede comprobar por muchos textos. Éxodo 12:41,42; 1ª Samuel 26:7,8; Lucas 2:8-11; Marcos 14:30; Lucas 22:34, y muchos otros testimonios; (3) Los 2300 días, que simbolizan 2300 años, están mencionados cada uno como los días de la primera semana de tiempo. Daniel 8:14. El margen, que da el hebreo literal, llama a cada uno de estos días: "tardes y mañanas"; (4) El estatuto que define el gran día de la expiación es absolutamente claro al decir que el día comienza con la tarde y que la noche es parte del día. Levíticos 23:32. "Día de descanso será para vosotros, y ayunaréis, comenzando el día nueve del mes en la tarde; de tarde a tarde guardaréis vuestro descanso"; (5) Que la tarde se refiere al bajar el sol es comprobado abundantemente por los siguientes textos: Deuteronomio 16:6; Levíticos 22: 6,7; Deuteronomio 23:2; 24:13,15; Josué 8:29; 10:26,27; Jueces 14:18; 2ª Samuel 3:35; 2ª Crónicas 18:34; Mateo 8:16; Marcos 1:32; y Lucas 4:40. Además, Nehemías 13:19 no está en conflicto con este testimonio, ya que indica que el sábado no comenzó hasta después del anochecer. El texto no dice: "Cuando comenzó a oscurecer en Jerusalén antes del sábado", sino que dice: "al caer la tarde, antes del sábado". Si se recuerda que las puertas de Jerusalén se colocaron bajo muros altos y anchos, no será difícil armonizar este texto con los muchos aquí aducidos, que prueban que el día comienza con la puesta de sol. Calmet, en su Bible Dictionary, artículo, Sabbath, establece así el antiguo método judío para comenzar el sábado: "Aproximadamente media hora antes del ocaso, se deja aparte todo el trabajo ya que se debe comenzar el sábado". Habla así del cierre del sábado: "Cuando llega la noche, y pueden discernir en el cielo tres estrellas de magnitud moderada, entonces el sábado termina y pueden regresar a sus empleos ordinarios".

45 Nehemías 13:15-22.

La Historia del Sábado

EL SÁBADO DESDE NEHEMÍAS HASTA CRISTO

Hay un período de casi cinco siglos entre el tiempo de Nehemías, y el comienzo del ministerio de nuestro Redentor. Durante aquel tiempo aconteció un cambio extraordinario en el pueblo judío. Anteriormente, habían sido alarmantemente idólatras, y soberbios violadores del sábado. Pero después de su regreso desde Babilonia nunca volvieron a cometer idolatría, en ninguna medida, ya que esa fue la razón por la que terminaron en cautiverio. Fue una cura para ese mal.[1] De la misma forma, cambiaron su conducta en relación con el sábado, y durante ese período sobrecargaron la institución sabática con pesadas y rigurosas ordenanzas. Un breve estudio de este período será suficiente. Bajo el reinado de Antíoco Epifanes, rey de Siria, 170 AC, los judíos estaban muy oprimidos:

El rey publicó entonces en todo su reino un decreto que ordenaba a todos formar un solo pueblo, abandonando cada uno sus costumbres propias. Todas las otras naciones obedecieron la orden del rey, y aun muchos israelitas aceptaron la religión del rey, ofrecieron sacrificios a los ídolos y profanaron el sábado.[2]

La mayoría de los hebreos permanecieron fieles a Dios y, como consecuencia, se vieron obligados a huir para salvar sus vidas. Por lo tanto, el historiador continúa:

> *Entonces, muchos que buscaban la justicia y el juicio se fueron al desierto, para morar allí: tanto ellos como sus hijos, sus esposas y su ganado; porque las aflicciones aumentaron dolorosamente sobre ellos. Cuando se les dijo a los siervos del rey y a la gente que estaba en Jerusalén, en la ciudad de David, que ciertos hombres habían quebrantado la orden del rey, y habían huido a los lugares secretos del desierto, los persiguió un gran número de ellos, y habiéndolos alcanzado, acamparon contra ellos, e hicieron guerra contra ellos en el día de reposo. Y ellos les dijeron: lo que habéis hecho hasta ahora, ya es suficiente; vengan fuera, hagan conforme al mandamiento del rey, y vivirán. Pero ellos dijeron: No saldremos, ni haremos el mandato del rey profanando el día de reposo. Entonces, ellos los atacaron con gran furia. Sin embargo, ellos no respondieron, ni les arrojaron una piedra, ni se detuvieron, ni se quedaron escondidos. Sino que dijeron: Muramos todos en nuestra inocencia: cielos y tierra testificarán por nosotros, que nos hicieron morir injustamente. Entonces se levantaron contra ellos en la batalla del día de reposo, y los mataron, con sus esposas e hijos y su ganado, hasta el número de mil personas.*[3]

Una matanza similar tuvo lugar en Jerusalén. El rey Antíoco envió a Apolonio con un ejército de veintidós mil:

> *Al llegar a Jerusalén, Apolonio fingió tener intenciones pacíficas y esperó hasta el sagrado día sábado; y aprovechándose de que los judíos estaban descansando, ordenó a sus tropas hacer un desfile militar; a todos los que salieron a ver el espectáculo los hizo matar allí mismo, y recorriendo con sus tropas la ciudad, dio muerte a gran cantidad de gente.*[4]

En vista de estos terribles actos de matanza, Matatias, "un hombre honorable y grandioso", el padre de Judas Macabeo, con sus amigos decretó así:

Y ese mismo día tomaron la siguiente decisión: "Si alguien nos ataca en sábado, lucharemos nosotros también, y así no moriremos todos, como murieron nuestros hermanos en sus refugios". [5]

Sin embargo, algunos fueron martirizados después de esto por observar el día de reposo. Por lo tanto, leemos:

Otros, que se habían reunido en cavernas cercanas para celebrar a escondidas el sábado, habiendo sido denunciados ante Filipo, fueron quemados todos juntos, pues por respeto al sábado no quisieron defenderse.[6]

Después de esto, Judas Macabeo hizo grandes hazañas en defensa de los hebreos, y resistiendo la terrible opresión del gobierno sirio. De una de estas batallas leemos:

Luego ordenó a Azarías que leyera el libro sagrado, y habiéndoles dado como contraseña las palabras "Dios nos ayuda", tomó el mando de la primera división y atacó a Nicanor. El Todopoderoso luchó a favor de ellos, y mataron a más de nueve mil enemigos, y mutilaron e hirieron a la mayor parte del ejército de Nicanor, y a todos los obligaron a huir. Además, se apoderaron del dinero de los que habían venido a comprarlos. Después de haberlos perseguido un buen trecho, tuvieron que regresar porque se hacía tarde. Era la víspera del sábado, y por esta causa no siguieron persiguiéndolos. Después de recoger las armas de los enemigos y el botín, celebraron el sábado, alabando y dando gracias al Señor porque los había conservado hasta ese día, en que había comenzado a mostrar su misericordia con ellos. Pasado el sábado, repartieron el botín, una parte entre las víctimas de la persecución, las viudas y los huérfanos, y el resto entre ellos y sus hijos.[7] Después de esto, los hebreos que eran atacados en Sábado por sus enemigos, los derrotaban con mucha matanza.[8]

Cerca del 63 AC, Jerusalén fue asediada y tomada por Pompeyo, el general de los romanos. Para hacer esto, era necesario llenar una zanja inmensa, y levantar contra la ciudad una base sobre el cual colocar los motores de asalto. Así Josefo relata el evento:

Y si no hubiera sido nuestra práctica desde los días de nuestros antepasados, descansar en el séptimo día, esa base nunca podría haber sido instalada, ya que los judíos no se lo hubieran permitido; porque aunque nuestra ley nos da permiso para defendernos de aquellos que comienzan una pelea contra nosotros y nos agreden, no nos permite interferir con nuestros enemigos mientras hacen otra cosa. Cuando los romanos supieron eso, acerca de lo días que llamamos sábados, no arrojaron nada contra los judíos, ni hicieron ninguna batalla contra ellos, sino que levantaron sus bancos de tierra, y trajeron sus motores con anticipación, para poder utilizarlos en los días siguientes.[9]

De esto se desprende que Pompeyo se abstuvo cuidadosamente de atacar a los judíos en cada día de reposo durante el asedio, pero pasó ese día llenando la zanja y elevando la orilla, para poder atacarlos el día después de cada sábado, es decir, el domingo.

Josefo relata además que los sacerdotes no fueron impedidos en absoluto de sus sagradas actividades mientras caían piedras arrojadas entre ellos, por los motores de Pompeyo, incluso aunque "ocurriera algún triste accidente". Cuando la ciudad fue tomada y el enemigo cayó sobre ellos, y degolló a los que estaban en los templos, los sacerdotes no huyeron ni desistieron de la ofrenda de los sacrificios acostumbrados.

Estas citas de la historia judía son suficientes para indicar el cambio extraordinario que se produjo en ese pueblo con respecto al sábado, después del cautiverio babilónico. Una breve descripción de las enseñanzas de los médicos judíos con respecto al sábado en el momento en que nuestro Señor comenzó su ministerio concluirá este capítulo:

Enumeró unos cuarenta trabajos primarios, que dijeron que tenían prohibido hacer en el día de reposo. Debajo de cada uno de los cuales había otras numerosas labores secundarias, que dijeron que también estaban prohibidas... Entre las obras primarias que estaban prohibidas, estaban arar, sembrar, cosechar, aventar, limpiar, moler, etc. Bajo el concepto de moler, se incluía la ruptura o división de cosas que antes estaban unidas... Otra de sus tradiciones era que, como estaba prohibido trillar en el día de reposo, también estaba prohibido machacar cosas, ya que era una especie de trilla. Por supuesto, era una violación del sábado caminar sobre la hierba verde, porque eso lo machacaría o lo trillaría. Entonces, como un hombre no puede cazar en el día de reposo, no puede atrapar una pulga; porque eso era una especie de caza. Como un hombre podría no llevar una carga en el día de reposo, no podría llevar agua a un animal sediento, porque eso era una especie de carga; pero podría verter agua en un abrevadero y llevar al animal hasta allí. Sin embargo, si una oveja cayera en un pozo, la sacarían sin problema y la llevarían a un lugar seguro... Dijeron que un hombre podría ministrar a los enfermos con el propósito de aliviar su angustia, pero no con el propósito de sanar sus enfermedades. Puede poner una cubierta en un ojo enfermo o untarlo con ungüento para aliviar el dolor, pero no para curar el ojo.[10]

Tal fue el notable cambio en la conducta del pueblo judío hacia el sábado; y tal fue la enseñanza de sus médicos al respetarlo. La institución más misericordiosa de Dios para la humanidad se había convertido en una fuente de angustia; lo que Dios ordenó como deleite y fuente de refrigerio se convirtió en un yugo de esclavitud; el sábado, hecho para el hombre en el paraíso, era ahora una institución muy opresiva y pesada. Era hora de que Dios interfiriera. A continuación, entra en escena el Señor del Sábado.

NOTAS

1 Hablando de la cautividad babilónica, en su nota sobre Ezequiel 23:48, el Dr. Clarke dice: "Desde ese momento hasta el día de hoy, los judíos nunca recayeron en la idolatría".
2 1ª Macabeos 1:41-43.
3 1a Macabeos 2:20-38; Antigüedades de Antioco, Libro XII, Capítulo VI.
4 2ª Macabeos 5:25,26.
5 1ª Macabeos 2:41.
6 2ª Macabeos 6:11.
7 2ª Macabeos 8:23-28.
8 1ª Macabeos 9:43-49; Antigüedades de Josefo, Libro XIII, Capítulo I; 2ª Macabeos 15.
9 Antigüedades de los judíos, Libro XIV, Capítulo IV. Aquí llamamos la atención a uno de los fraudes históricos por los cuales se intenta muestrar que el domingo es el sábado. El Dr. Justin Edwards declara este caso así: "Pompeyo, el general romano, sabiendo esto, al sitiar Jerusalén, no los atacó en sábado, sino que pasó el día construyendo sus obras, y preparándose para atacarlos el lunes, de tal manera que no pudieron resistir, y terminó tomando la ciudad". Sabbath Manual, pág. 216. Es decir, al día siguiente después del sábado era el lunes, y por supuesto el domingo era el sábado. Sin embargo, el Dr. Edwards sabía que en la época de Pompeyo, 63 años antes de Cristo, el sábado era el único sábado semanal, y que el domingo y no el lunes era el día del ataque.
10 Sabbath Manual of the American Tract Society, págs. 214, 215.

EL SÁBADO DURANTE LAS ÚLTIMAS SETENTA SEMANAS

Cuando el tiempo se completó, Dios envió a su Hijo para ser el Salvador del mundo. El que cumplió esta misión, de infinita benevolencia, fue tanto el Hijo de Dios como el Hijo del hombre. Él estaba con el Padre antes que el mundo fuera, y por él, Dios creó todas las cosas[1]. El sábado, fue establecido al final de esa gran obra como un memorial para mantenerlo como un constante recordatorio. El Hijo de Dios, por quien todas las cosas fueron creadas, era la persona idónea para diseñar este memorial y su propia observancia. Después de las sesenta y nueve semanas de la profecía de Daniel, el Redentor comenzó a predicar diciendo: "El tiempo se ha cumplido"[2]. El ministerio del Salvador se desarrolló en un momento en que el sábado del Señor, y por culpa de los doctores judíos, se había pervertido completamente de su original diseño. Como vimos en el capítulo anterior, para el pueblo, el sábado ya no era fuente de refrigerio y deleite, sino razón de sufrimiento y angustia. Los doctores de la ley lo habían cargado con tradiciones hasta que su diseño misericordioso y benéfico estaba completamente escondido bajo la basura de los inventos de los hombres. Después del cautiverio de Babilonia, Satanás lo había hecho impracticable para el pueblo judío, incluyendo absurdos edictos en que se motivaba a transgredirlo y profanarlo abiertamente, como antes de aquel tiempo. Satanás indujo a los doctores a cambiarlo completamente, y a hacer de su observancia algo completamente diferente de aquello que agradaría a Dios. Encontraremos que el Salvador nunca perdió una oportunidad para corregir sus falsas nociones respecto al sábado. Él eligió el sábado como el día en el cual se deben realizar muchas de sus obras misericordiosas. Se verá que buena parte de Su enseñanza, y durante todo Su ministerio, se dedicó a explicar lo que si era lícito en el sábado, un hecho singular para aquellos que intentan explicar que Él abrogó su diseñó. En el inicio del ministerio de nuestro Señor, leemos así:

> *Jesús volvió en el poder del Espíritu a Galilea, y se difundió su fama por toda la tierra de alrededor. Enseñaba en las sinagogas de ellos y era glorificado por todos. Vino a Nazaret, donde se había criado; y el sábado entró en la sinagoga, conforme a su costumbre, y se levantó a leer.[3]*

Esa era la forma en que el Salvador guardaba el sábado. Es evidente que esto lo hizo para demostrar su consideración para ese día, porque para Él no era necesario ir a la sinagoga para ganar una congregación, ya que eran vastas multitudes las que estaban siempre listas para agolparse en su caminar. Su testimonio fue rechazado, nuestro Señor salió de Nazaret para Capernaum. Así dice el sagrado historiador:

> *Pero él pasó por en medio de ellos y se fue. Jesús pasó a Capernaúm, un pueblo de Galilea, y el día sábado enseñaba a la gente. Estaban asombrados de su enseñanza, porque les hablaba con autoridad. Había en la sinagoga un hombre que estaba poseído por un espíritu maligno, quien gritó con todas sus fuerzas: -¡Ah! ¿Por qué te entrometes, Jesús de Nazaret? ¿Has venido a destruirnos? Yo sé quién eres tú: ¡el Santo de Dios! -¡Cállate! -lo reprendió Jesús-. ¡Sal de ese hombre! Entonces el demonio derribó al hombre en medio de la gente y salió de él sin hacerle ningún daño. Todos se asustaron y se decían unos a otros: «¿Qué clase de palabra es ésta? ¡Con autoridad y poder les da órdenes a los espíritus malignos, y*

salen!» Y se extendió su fama por todo aquel lugar. Cuando Jesús salió de la sinagoga, se fue a casa de Simón, cuya suegra estaba enferma con una fiebre muy alta. Le pidieron a Jesús que la ayudara, así que se inclinó sobre ella y reprendió a la fiebre, la cual se le quitó. Ella se levantó en seguida y se puso a servirles.[4]

Estos milagros son los primeros que están registrados como hechos por el Salvador en el día de reposo. Pero bajo el rigor judío, en relación con el sábado, se ve que esperaron hasta la puesta del sol, es decir, hasta que el sábado pasó[5], antes de que le trajeran los enfermos para ser sanados. Así se añade:

Al atardecer, cuando ya se ponía el sol, la gente le llevó a Jesús todos los enfermos y endemoniados, de manera que la población entera se estaba congregando a la puerta. Jesús sanó a muchos que padecían de diversas enfermedades. También expulsó a muchos demonios, pero no los dejaba hablar porque sabían quién era él.[6]

La siguiente mención del Sábado es de particular interés:

En aquel tiempo iba Jesús por los sembrados un sábado. Sus discípulos sintieron hambre y comenzaron a arrancar espigas y a comer. Los fariseos, al verlo, le dijeron: "Tus discípulos hacen lo que no está permitido hacer en sábado". Pero él les dijo: "¿No habéis leído lo que hizo David cuando él y los que con él estaban sintieron hambre; cómo entró en la casa de Dios y comió los panes de la proposición, que no les estaba permitido comer ni a él ni a los que con él estaban, sino solamente a los sacerdotes? O no habéis leído en la Ley cómo en sábado los sacerdotes en el Templo profanan el sábado, y son sin culpa? Pues os digo que uno mayor que el Templo está aquí. Si supierais qué significa: 'Misericordia quiero y no sacrificios', no condenaríais a los inocentes, porque el Hijo del hombre es Señor del sábado".[7]

El texto paralelo de Marcos tiene una adición importante a la anterior conclusión, según Marcos:

También les dijo: "El sábado fue hecho por causa del hombre, y no el hombre por causa del sábado. Por tanto, el Hijo del hombre es Señor aun del sábado".[8]

Al examinar este texto se deben tener en cuenta los siguientes puntos:

1. Que el asunto en cuestión no se relaciona con el acto de pasar por el maizal en el día de reposo, porque los fariseos iban con toda la compañía, así que se entiende que el Salvador, y los que estaban con él, iban o regresaban de la sinagoga.
2. Que el problema que planteaban los fariseos era este: los discípulos, al satisfacer su hambre con el maíz que arrancaban, estaban violando la ley del sábado.
3. Que aquel, a quien se la hacía esta pregunta, era el de la más alta competencia para responder. Porque estaba con el Padre cuando se hizo el sábado.[9]
4. Que el Salvador se complació en apelar a los antecedentes de la Escritura para responder esta pregunta, en lugar de afirmar con su propio juicio personal.
5. Que el primer caso citado por el Salvador era especialmente apropiado. David, huyendo por su vida, entró en la casa de Dios en el sábado[10], y comió el pan de la proposición para satisfacer su hambre. Los discípulos, para aliviar su hambre, simplemente comieron del maíz por el que pasaban ese sábado. Si David hizo lo correcto, aunque comió de lo que pertenecía sólo a los sacerdotes, ¿cuán poca culpa se le podía atribuir a los discípulos que ni siquiera habían violado un precepto de la ley ceremonial? Así, a lo sumo, los discípulos solo satisfacían su hambre durante el sábado. En el siguiente ejemplo, nuestro Señor muestra qué trabajos se pueden realizar en sábado, y que no son una violación a su carácter sagrado.

6. Se cita el caso de los sacerdotes. El mismo Dios que había pronunciado en el cuarto mandamiento, dijo: "Seis días trabajarás y harás toda tu obra", había ordenado que los sacerdotes, en el día de reposo, ofrecieran ciertos sacrificios en su templo.[11] En esto no había contradicción, porque el trabajo realizado por los sacerdotes, en el día de reposo, era simplemente la continuidad de la adoración a Dios en su templo, y no hacían lo que el mandamiento llama "TU TRABAJO". Por lo tanto, el trabajo de este tipo no fue una violación del sábado.

7. Pero es muy probable que el Salvador, en referencia a los sacerdotes, no sólo pensara en los sacrificios que ofrecían el sábado, sino en el hecho de que se requería que preparasen pan fresco cada sábado, cuando el pan viejo debía ser renovado de la mesa, y comido por ellos.[12] Este punto de vista relaciona el caso de los sacerdotes, con el de David, y en conjunto tienen un maravilloso vínculo sobre lo que hicieron los discípulos. El argumento de nuestro Señor puede ser completamente entendido cuando dice: "Pero yo os digo, que en este lugar hay uno mayor que el templo". De modo que, si el pan de la proposición debía ser preparado cada sábado, y los que hacían esto eran sin culpa, también eran sin culpa los discípulos que seguían a UNO que era mayor que el templo, y como ÉSTE no tenía donde reposar su cabeza, comían al pie del maíz para aliviar su hambre, durante el sábado.

8. Pero nuestro Señor establece un principio digno de la más seria atención. Así añade: "Si supierais qué significa: 'Misericordia quiero y no sacrificios', no condenaríais a los inocentes". El Altísimo había ordenado cierto trabajo para ser realizado el sábado para que los sacrificios pudieran ser ofrecidos a Él. Pero Cristo afirma, con la autoridad de las Escrituras[13], que hay algo mucho más aceptable para Dios que los sacrificios, y estos son los actos de misericordia. Si Dios consideraba como inocentes a quienes ofrecían sacrificios en sábado, cuánto menos condenaría a aquellos que hacen misericordia y dan alivio a los afligidos y sufrientes, durante ese día.

9. El Salvador no deja el tema hasta aquí, porque añade: "El sábado fue hecho para el hombre, y no el hombre para el sábado, por tanto, el Hijo del hombre es Señor también del sábado". Si el sábado fue hecho, algunas cosas fueron necesarias para darle existencia. ¿Cuáles eran esas cosas? (1) Dios descansó en el séptimo día. Esto hizo que el séptimo día fuera el día de reposo o el Descanso de Jehová; (2) Dios bendijo el día, y así se convirtió en su día santo; (3) lo santificó, o lo apartó para un uso santo. Así su observancia se convirtió en una parte del deber del hombre hacia Dios. Debe haber un momento en que se realizaron estos actos. En este punto no hay lugar para la controversia. Estos actos no fueron realizados en el Sinaí, ni en el desierto de Sin, sino que en el paraíso. Y esto es categóricamente confirmado por el lenguaje usado por el Salvador: "El sábado fue hecho para el hombre, no el hombre para el día de reposo"[14], llevando nuestra mente a Adán, que fue hecho del polvo de la tierra, y afirmando que el sábado fue hecho para él. Este es un testimonio concluyente de que el sábado se originó en el paraíso. Este hecho está felizmente ilustrado por la declaración del apóstol Pablo que dice: "Ni el hombre fue creado para la mujer, sino la mujer para el hombre".[15] No se negará que este lenguaje hace referencia directa a la creación de Adán y Eva. Si volvemos al principio, encontraremos a Adán hecho del polvo de la tierra, Eva tomada de su costado, y el sábado hecho del séptimo día.[16] Así el Salvador, para completar la respuesta a la pregunta planteada por los fariseos, se remonta de nuevo al principio del sábado, como lo hiso con la institución del matrimonio cuando estos mismos fariseos le preguntaron su opinión sobre la legalidad del divorcio. Su cuidadosa declaración del diseño del Sábado y del matrimonio, que remonta cada uno al principio, en un caso que anula su distorsión del sábado, en el otro la del matrimonio, es el testimonio más poderoso en favor de la santidad del cada institución. El argumento en un caso es así: En el principio Dios creó un hombre y una mujer, designando

que LOS DOS FUERAN una sola carne. La relación matrimonial, por lo tanto, fue diseñada simplemente para unir a dos personas, y esta unión debe ser sagrada e indisoluble. Tal era el peso de su argumento sobre la pregunta del divorcio.[17] En relación con el sábado, su argumento es éste: Dios hizo el sábado para el hombre, el cual hizo del polvo de la tierra. Y siendo así hecho para una raza no caída, sólo puede ser una institución misericordiosa y benéfica. El que hizo el sábado para el hombre antes de la caída vio lo que el hombre necesitaba, y sabía cómo suplir esa necesidad. Se le dio el sábado para descansar, refrescarse y deleitarse. El carácter de ese día se sostuvo aun después de la caída,[18] pero los judíos lo habían perdido de vista totalmente.[19] Y así nuestro Señor abre su corazón con respecto al sábado. Él determina cuidadosamente qué obras no son una violación del sábado, y esto lo hace a través de ejemplos del Antiguo Testamento, por lo que es evidente que él no está introduciendo ningún cambio en la institución. Deja de lado sus rigurosas y pesadas tradiciones concernientes al sábado, remontándolas a su origen misericordioso en el paraíso. Y habiendo desechado el rigor farisaico del sábado, lo lleva a su fundamento edénico, impuesto por toda la autoridad y santidad de la ley que no vino a destruir, sino a magnificar y honrar.[20]

10. Habiendo limpiado el sábado de todas las adiciones farisaicas, nuestro Señor concluye con esta notable declaración: "Por tanto, el Hijo del Hombre es Señor también del Sábado"; (1) no era un desprecio al sábado, sino un honor, que Hijo de Dios unigénito se declarara su Señor; (2) tampoco era despectivo el gesto del Redentor al declararse el Señor del Sábado. Con todos los altos honores pertenecientes a su mesianidad él es TAMBIÉN Señor del Sábado. O, si tomamos la expresión en Mateo, "porque Señor AÚN del sábado, es el Hijo del hombre"[21], lo cual implica que no es un honor pequeño poseer tal título; (3) este título implica que el Mesías debe ser el protector, y no el destructor, del sábado. Y por lo tanto, él era el Ser legítimo para decidir la naturaleza apropiada de

la observancia sabática. Con estas memorables palabras termina el primer discurso de nuestro Señor acerca del sábado.

A partir de este momento los fariseos observarían al Salvador esperando encontrar alguna acusación contra él, de violar el sábado. El siguiente ejemplo mostrará la malignidad de sus corazones, su total perversión del sábado, la urgente necesidad de una corrección autorizada de sus falsas enseñanzas respecto al sábado y el argumento sin respuesta del Salvador:

> *Saliendo de allí, fue a la sinagoga de ellos. Y había allí uno que tenía seca una mano. Para poder acusar a Jesús, le preguntaron: ¿Está permitido sanar en sábado? Él les dijo: ¿Qué hombre entre vosotros, si tiene una oveja y esta se le cae en un hoyo, en sábado, no le echa mano y la saca? Pero, ¿cuánto más vale un hombre que una oveja? Por consiguiente, está permitido hacer el bien en sábado. Entonces dijo a aquel hombre: Extiende tu mano. Él la extendió y le fue restaurada sana como la otra. Salieron entonces los fariseos y se confabularon contra Jesús para destruirlo.*[22]

¿Qué fue lo que desató la ira de los fariseos? Por parte del Salvador, fue solo lo que dijo. Por parte del hombre, fue el acto de estirar su brazo. ¿Acaso la ley del sábado prohibía alguna de estas cosas? Nadie puede afirmar tal cosa. Pero el Salvador había transgredido públicamente la tradición de los fariseos que prohibía hacer cualquier cosa para curar a los enfermos en el día de reposo. Y cuán necesario era que esta tradición tan mala fuese eliminada, y así el sábado fuese preservado para el hombre. Pero los fariseos se llenaron de ira, salieron de la sinagoga y consultaron cómo podrían destruir al Salvador. Sin embargo, Jesús actuó en favor del sábado al dejar a un lado las tradiciones que habían pervertido Su día.

Después de esto, nuestro Señor regresó a su país, y así leemos de él:

Cuando llegó el sábado, comenzó a enseñar en la sinagoga; y muchos, oyéndolo, se admiraban y preguntaban: ¿De dónde saca este estas cosas? ¿Y qué sabiduría es esta que le es dada, y estos milagros que por sus manos son hechos?[23]

No muy lejos de aquel tiempo encontramos al Salvador en Jerusalén, y el siguiente milagro lo realizó en el sábado:

Había allí un hombre que hacía treinta y ocho años que estaba enfermo. Cuando Jesús lo vio acostado y supo que llevaba ya mucho tiempo así, le dijo: ¿Quieres ser sano? El enfermo le respondió: Señor, no tengo quien me meta en el estanque cuando se agita el agua; mientras yo voy, otro desciende antes que yo. Jesús le dijo: Levántate, toma tu camilla y anda. Al instante aquel hombre fue sanado, y tomó su camilla y anduvo. Era sábado aquel día. Entonces los judíos dijeron a aquel que había sido sanado: Es sábado; no te es permitido cargar tu camilla. Él les respondió: El que me sanó, él mismo me dijo: "Toma tu camilla y anda." Entonces le preguntaron: ¿Quién es el que te dijo: "Toma tu camilla y anda"? Pero el que había sido sanado no sabía quién era, porque Jesús se había apartado de la gente que estaba en aquel lugar. Después lo halló Jesús en el Templo y le dijo: Mira, has sido sanado; no peques más, para que no te suceda algo peor. El hombre se fue y contó a los judíos que Jesús era quien lo había sanado. Por esta causa los judíos perseguían a Jesús e intentaban matarlo, porque hacía estas cosas en sábado. Jesús les respondió: Mi Padre hasta ahora trabaja, y yo trabajo. Por esto los judíos aun más intentaban matarlo, porque no solo quebrantaba el sábado, sino que también decía que Dios era su propio Padre, haciéndose igual a Dios.[24]

Aquí, nuestro Señor es acusado de dos crímenes: (1) había quebrantado el Sábado y (2) se había hecho igual a Dios.

La primera acusación se basa en los siguientes detalles: (a) por su palabra había curado al débil hombre. Pero esto no violó ninguna ley de Dios, sólo invalidó la tradición que prohibía hacer cualquier cosa para curar enfermedades en el sábado; (b) había ordenado al hombre que llevara su cama. Pero esta era una carga insignificante,[25] más que cama era como una frazada o alfombra, y la orden fue presentada para mostrar que su curación era real, y así honrar al Señor del sábado que lo había sanado. Además, no era una carga como las Escrituras prohíben durante el sábado;[26] (c) Jesús justificó lo que había hecho, al comparar su acto de curación con la obra que su Padre había hecho HASTA ENTONCES, es decir, desde el principio de la creación. Desde que el sábado fue santificado en el paraíso, el Padre, por su providencia había continuado creando, incluso en el día de reposo, todos los actos misericordiosos por los cuales la raza humana ha sido preservada. Esta obra del Padre era precisamente de la misma naturaleza que la que Jesús había hecho ahora. Estos actos no argumentan que el Padre tiene en menos estima el sábado, ya que Él mismo recomendó solemnemente su observancia en la ley y en los profetas,[27] y como nuestro Señor había reconocido expresamente su autoridad,[28] no había motivo para acusarlo de despreciar el sábado, sino que únicamente había seguido el ejemplo de su Padre desde el principio. La respuesta del Salvador a estas dos acusaciones eliminará toda duda:

Respondió entonces Jesús y les dijo: De cierto, de cierto os digo: No puede el Hijo hacer nada por sí mismo, sino lo que ve hacer al Padre. Todo lo que el Padre hace, también lo hace el Hijo igualmente.[29]

Esta respuesta involucra dos puntos: (1) que Jesús estaba siguiendo el ejemplo perfecto de su Padre, quien siempre le dio libertad en todas sus obras, y por lo tanto, como él estaba haciendo la voluntad de su Padre, no estaba quebrantando el sábado; (2) por la humildad de la respuesta: "El Hijo no puede hacer nada por sí mismo, sino lo que ve al Padre hacer" mostró lo poco fundamentado de la acusación de que se auto-exaltaba. Así, no dejó oportunidad de que le respondieran de nuevo.

Varios meses después de esto, el mismo caso de la curación aún se discutía:

> *Jesús respondió y les dijo: Una obra hice y todos os admiráis. Por cierto, Moisés os dio la circuncisión —no porque sea de Moisés, sino de los padres— y en sábado circuncidáis al hombre. Si recibe el hombre la circuncisión en sábado, para que la Ley de Moisés no sea quebrantada, ¿os enojáis conmigo porque en sábado sané completamente a un hombre?*[30]

Este texto contiene la segunda respuesta de nuestro Señor con respecto a la curación del hombre impotente en el día de reposo. En su primera respuesta había basado su defensa en el hecho de que, lo que Él hacía, era precisamente lo mismo que su Padre había hecho hasta entonces, desde el principio del mundo. Esto implica que el sábado había existido desde el mismo punto, de lo contrario, el ejemplo del Padre durante este tiempo no sería relevante. En esto, su segunda respuesta presenta un punto similar relacionado con el origen del sábado. Esta vez su defensa descansa en el hecho de que su acto de sanación no viola más el sábado que el acto de circuncidar en el sábado. Pero si la circuncisión, que fue ordenada en el tiempo de Abraham, era más antigua que el sábado, si es que se cree que el sábado fue ordenado por primera vez en el desierto de Sin, entonces habría un error en el argumento del Señor, porque la circuncisión tendría derecho a la prioridad, como la institución más antigua. Sería estrictamente correcto hablar de que la institución más reciente debe acogerse (y no puede violar) a una más antigua. El lenguaje implica, pues, que el sábado era más antiguo que la circuncisión. En otras palabras, más antiguo que los días de Abraham. Estas dos respuestas del Salvador ciertamente están en armonía con el testimonio unánime de los escritores sagrados, que el sábado se originó con la santificación del día de reposo del Señor, en el Edén.

¿Qué había hecho el Salvador que justificara el odio del pueblo judío hacia él? Había sanado en el día de reposo, con una sola palabra, a un hombre que había estado sin ayuda por treinta y ocho años. ¿No estaba este acto en estricta conformidad con la institución sabática? Nuestro Señor estableció este punto con argumentos sólidos e irrefutables,[31] y no sólo este caso, sino en otros que ya revisamos, y también en aquellos que quedan por destacar. Si hubiera dejado en su desgracia a aquel hombre, porque era sábado, cuando sólo una palabra lo hubiera curado, habría deshonrado el día de reposo y reprochado al Autor del sábado. Veríamos al Señor del sábado aún más lejos de la labor en favor de los que vino a rescatar, que de los que habían pervertido completamente su diseño. Y la obra de Jesús en la tierra sería completamente innecesaria si hubiera estado planificado clavar la institución del sábado en su cruz.

El siguiente incidente que se mencionará es el caso del hombre que nació ciego. Jesús, al verlo, dijo:

> *Me es necesario hacer las obras del que me envió, mientras dura el día; la noche viene, cuando nadie puede trabajar. Mientras estoy en el mundo, luz soy del mundo. Dicho esto, escupió en tierra, hizo lodo con la saliva y untó con el lodo los ojos del ciego, y le dijo: "Ve a lavarte en el estanque de Siloé", que significa "Enviado". Entonces fue, se lavó y regresó viendo.[32] ...Y era sábado cuando Jesús había hecho el lodo y le había abierto los ojos.[33]*

Aquí está el registro de otro de los actos misericordiosos de nuestro Señor, en el día de reposo. Vio a un hombre ciego desde su nacimiento, y movido por compasión hacia él, humedeció arcilla, ungió sus ojos, y lo envió a un pozo para que se lavase. Cuando se lavó, recibió la vista. El acto era tan digno para el sábado como para su Señor, pero ahora pertenece a los oponentes del sábado, así como perteneció a los enemigos del Señor en aquel entonces, intentar detectar la más leve violación del sábado.

Después de esto, leemos como sigue:

> *Enseñaba Jesús en una sinagoga en sábado, y había allí una mujer que desde hacía dieciocho años tenía espíritu de enfermedad, y andaba encorvada y en ninguna manera se podía enderezar. Cuando Jesús la vio, la llamó y le dijo: "Mujer, eres libre de tu enfermedad". Puso las manos sobre ella, y ella se enderezó al momento y glorificaba a Dios. Pero el alto dignatario de la sinagoga, enojado de que Jesús hubiera sanado en sábado, dijo a la gente: "Seis días hay en que se debe trabajar; en estos, pues, venid y sed sanados, y no en sábado." Entonces el Señor le respondió y dijo: "¡Hipócrita!, ¿no desatáis vosotros vuestro buey o vuestro asno del pesebre y lo lleváis a beber en sábado? Y a esta hija de Abraham, que Satanás había atado dieciocho años, ¿no se le debía desatar de esta ligadura en sábado?" Al decir él estas cosas, se avergonzaban todos sus adversarios; pero todo el pueblo se regocijaba por todas las cosas gloriosas hechas por él.*[34]

Esta vez, una hija de Abraham, es decir, una mujer piadosa,[35] que había sido atada por Satanás dieciocho años, fue desatada de ese vínculo maléfico en el día de reposo. Jesús silenció el reclamo de sus enemigos apelando a lo mismo que harían ellos, al desatar un buey y llevarlo a tomar agua en el día de reposo. Con esta respuesta nuestro Señor avergonzó a todos sus adversarios, y todo el pueblo se alegró por todas las cosas gloriosas que fueron hechas por él. El último de estos actos gloriosos con que Jesús honró el sábado, es narrado así:

> *Aconteció que un sábado Jesús entró a comer en casa de un gobernante fariseo, y ellos lo acechaban. Y estaba delante de él un hombre hidrópico. Entonces Jesús habló a los*

intérpretes de la Ley y a los fariseos, diciendo: "¿Es lícito sanar en sábado?" Pero ellos callaron. Él, tomándolo, lo sanó y lo despidió. Y dirigiéndose a ellos, dijo: "¿Quién de vosotros, si su asno o su buey cae en algún pozo, no lo saca inmediatamente, aunque sea sábado?" Y no le podían replicar a estas cosas.[36]

Es evidente que los fariseos y doctores de la ley no se atrevieron a responder la pregunta: ¿Es lícito sanar en el día de reposo? Porque si decían: "Sí", condenaban su propia tradición. Si decían: "No", no podrían sostener su respuesta con argumentos justos. Por lo tanto, permanecieron en silencio. Y cuando Jesús sanó al hombre, hizo una segunda pregunta igualmente embarazosa: ¿Cuál de vosotros si tiene un buey que cae en un hoyo, no lo sacará inmediatamente en sábado? De nuevo, no pudieron responderle este asunto. Es evidente que las discusiones que tenían los fariseos de tanto en tanto, con nuestro Señor, con respecto al sábado, les había enseñado que guardar silencio para defender sus tradiciones era lo más sabio que podían hacer, en vez de responderle. En su enseñanza pública, el Salvador declaró que los asuntos más importantes de la ley eran el juicio, la MISERICORDIA y la fe.[37] Su prolongado y poderoso esfuerzo en favor del sábado, fue para reivindicarlo como una institución de MISERICORDIA, y librarlo de las tradiciones farisaicas, con lo cual fue pervertido de su propósito original. Los que se oponen al sábado son aquí culpables de injusticia en dos aspectos: (1) muestran los rigores impuestos por los fariseos como si pertenecieran a la institución sabática. Por este medio vuelven las mentes de los hombres contra el sábado; (2) y habiendo hecho esto, representan el esfuerzo del Salvador, de dejar de lado esas tradiciones, como con la intención de destruir el mismo sábado.

Ahora llegamos al memorable discurso del Salvador sobre el monte de los Olivos, a la víspera de su crucifixión, y en el que por última vez menciona el sábado:

Por tanto, cuando veáis en el Lugar santo la abominación desoladora de la que habló el profeta Daniel —el que lee, entienda–, entonces los que estén en Judea, huyan a los montes. El que esté en la azotea, no descienda para tomar algo de su casa; y el que esté en el campo, no vuelva atrás para tomar su capa. Pero ¡ay de las que estén encinta y de las que críen en aquellos días! Orad, pues, que vuestra huida no sea en invierno ni en sábado, porque habrá entonces gran tribulación, cual no la ha habido desde el principio del mundo hasta ahora, ni la habrá.[38]

En este lenguaje nuestro Señor muestra las horribles calamidades que caerían sobre el pueblo judío, la destrucción de su ciudad y el templo, tal como fue predicho por el profeta Daniel.[39] El vigilante cuidado del Señor por su pueblo lo lleva a señalar sus medios de escape.

1. Él les da una señal para que se enteren de cuándo este terrible derrocamiento sería inminente. Era "la abominación desoladora" que estaría "en el lugar santo". O, como lo expresó Lucas, el símbolo era "Jerusalén rodeada de ejércitos"[40]. El cumplimiento de esta señal está registrado por el historiador Josefo. Después de decir que Cestio, el comandante romano, al comienzo de la contienda entre los judíos y los romanos, rodeó la ciudad de Jerusalén con un ejército, añade:

"Si hubiera continuado el asedio un poco más, ciertamente habrían tomado la ciudad, pero era, supongo que, debido al cuidado que Dios tenía por la ciudad y al santuario, que en ese mismo día se vio impedido de poner fin a la guerra. Entonces, sucedió que Cestio no estaba consciente de cómo los sitiados perdían la esperanza de éxito, ni de cuán valiente era la gente que él tenía. Por lo que llamó a sus soldados y por no tener esperanza de tomar la ciudad, y sin haber sufrido ninguna desgracia, se retiró de la ciudad, sin ninguna razón en el mundo".[41]

2. Al ver esta señal, los discípulos debían saber que la desolación de Jerusalén estaba cerca. "Entonces", dice Cristo, "que los que están en Judea huyan a los montes". Josefo registra el cumplimiento de este mandato:

"Después de que esta calamidad había caído sobre Cestio, muchos de los más eminentes de entre los judíos huyeron lejos de la ciudad, como de un barco cuando esta por hundirse."[42]

Eusebio también relata su cumplimiento:

"Todo el cuerpo de la iglesia en Jerusalén, habiendo sido instruidos por una revelación divina dada a hombres de piedad probada aun antes de la guerra, salieron de la ciudad, y fueron a cierta ciudad más allá del Jordán, llamada Pella. Así, los que creyeron en Cristo, habiendo salido de Jerusalén, y todos los hombres santos hubieron abandonado por completo la ciudad real, y toda la tierra de Judea, la justicia divina por los crímenes contra Cristo y sus apóstoles finalmente alcanzó la ciudad, destruyendo totalmente la generación de estos malhechores de la tierra".[43]

3. Tan inminente era el peligro que cuando se presentara la señal, no se debía perder un solo momento. El que estaba sobre el tejado ni siquiera podía bajar para tomar ni un solo artículo de su casa. Para el hombre que estaba en el campo, le estaba prohibido volver a la casa por su ropa. No se debía perder un solo momento. Ellos debían huir para salvar su vida. Y fue lamentable el caso de los que no pudieron huir.

4. En vista de que los discípulos debían huir al momento en que la señal prometida apareciera, nuestro Señor les ordenó orar por dos cosas: (1) que su huida no sucediera durante el invierno; (2) y que no sea en día de reposo. Durante esta lamentable situación, si se les obligaba a huir a las montañas en la dureza del invierno, sin tiempo ni siquiera llevarse su ropa, demuestra con claridad la importancia de la primera de estas instrucciones, y el tierno

cuidado de Jesús como Señor de su pueblo. La segunda de estas peticiones es igualmente expresiva del cuidado del Señor por Su sábado.

5. Algunos argumentan que este último punto se refiere solamente al hecho de que, como los judíos debían guardar el Sábado estrictamente, entonces, las puertas de la ciudad estarían cerradas ese día, y las personas que intentaran escapar el sábado serían castigadas con muerte, por lo tanto, esta petición no probaría nada con respecto a la consideración de Cristo con respecto al sábado. Una afirmación tan frecuente y que con tanta confianza se hace, debe estar bien fundada en la verdad. Sin embargo, un breve examen demostrará que tal no es el caso: (1) el lenguaje del Salvador se refiere a toda la tierra de Judea, y no sólo a Jerusalén: "Que los que están en Judea huyan a los montes". El cierre de las puertas de la ciudad no podía afectar la huida de todos los discípulos; (2) Josefo señala el hecho notable de que cuando Cestio marchaba contra Jerusalén, en cumplimiento de la señal del Salvador, y había llegado a Lod, a no muchos kilómetros de Jerusalén, "encontró la ciudad vacía de personas, porque la multitud entera se había ido a Jerusalén, a la fiesta de los tabernáculos".[44] La ley de Moisés exigía la presencia de todo varón de Israel en esta fiesta en Jerusalén,[45] y así, en la providencia de Dios, los discípulos no tenían enemigos judíos en el país para impedir su huida; (3) la nación judía, que se reunía en Jerusalén, violó abiertamente el sábado unos días antes de la huida de los discípulos. Lo que es un asunto llamativo acerca de su supuesto rigor del cumplimiento del sábado, en ese momento.[46] Así dice Josefo de la marcha de Cestio sobre Jerusalén,

"Él puso su campamento en cierto lugar llamado Gabao, a cincuenta estadios distantes de Jerusalén, pero en cuanto a los judíos, cuando vieron la guerra acercándose a su metrópoli, dejaron la fiesta y se entregaron a la batalla. Desde

la multitud, vinieron de manera repentina y desordenada a la pelea, con gran ruido, y sin consideración alguna del reposo del séptimo día, aunque el día de reposo era el día en que ellos tenían la mayor consideración, pero esa rabia les hizo olvidar la observancia religiosa [del sábado], y los hizo demasiado duros para sus enemigos en la lucha. Por lo tanto, cayeron sobre los romanos con tal violencia, como para entrar en sus filas, y para marchar sobre ellos, e hicieron una gran matanza".[47]

Así se ve que, en la víspera de la huida de los discípulos, la rabia de los judíos hacia sus enemigos les hizo despreciar completamente el sábado.

6. Pero después que Cestio rodeó a la ciudad con su ejército, dando así la señal del Salvador, de repente se retiró tal como dijo Josefo, "sin ninguna razón en el mundo". Este fue el momento de huir para los discípulos, y este evento señala cómo la providencia divina abrió el camino para los que vivían en Jerusalén:

"Pero cuando los ladrones se dieron cuenta de este retiro inesperado, recobraron su coraje y corrieron tras los despojos del ejército, y destruyeron a un número considerable de sus jinetes y lacayos. Y Cestio permaneció toda la noche en el campamento que estaba en Scopus, y como él se fue más lejos el día siguiente, invitó así al enemigo a seguirle, que todavía lo seguía y los destruía".[48]

Esta acalorada salida de una multitud del pueblo, en persecución de los romanos, era en el mismo momento en que los discípulos debían huir, y este era el recurso necesario para escapar. Si la huida de Cestio hubiese sucedido en el día de reposo, indudablemente los judíos lo hubieran perseguido ese día, como en circunstancias menos importantes ya había sucedido solo unos días antes, cuando los persiguieron varios kilómetros para atacarlos, en sábado. Se ve, por lo tanto, que ya sea en la ciudad o en el campo, los discípulos no corrían el peligro de ser atacados por sus enemigos, aunque su huída hubiera sido en día de reposo.

7. Por lo tanto, hay una opinión que se puede considerar en relación con el significado de estas palabras de nuestro Señor, y es que lo que él haya dicho, lo hiso considerando el carácter sagrado del sábado. Porque, en su tierno cuidado por su pueblo, les había dado una indicación que requeriría que violaran el sábado, si es que el momento de la huida sucedía en ese día. Pues la orden de huir era imperativa, en el instante en que se observara la señal anunciada, y la distancia a Pella, donde encontrarían un lugar de refugio era de, a lo menos, noventa y seis kilómetros de distancia. Esta instrucción que el Salvador le dio a sus discípulos, siempre les haría recordar el sábado cuando se acercaran a Dios en adoración. Por lo tanto, era imposible que la iglesia apostólica olvidara el día del descanso sagrado. Tal instrucción, para no tener que ser obligados a violar el sábado en el futuro, era un cierto y seguro medio para perpetuar su sagrada observancia durante los próximos cuarenta años, hasta la destrucción final de Jerusalén, y nunca fue olvidado por la Iglesia temprana, como veremos más adelante. El Salvador, durante todo su ministerio que había hecho esfuerzos incansables para demostrar que el Sábado era una institución misericordiosa, y dejar de lado las tradiciones por las que había sido pervertido de su verdadero diseño, en este último discurso, elogia el día de reposo para su pueblo, uniendo en la misma petición su propia seguridad y la santidad del día de reposo del Señor.[49]

Pocos días después de este discurso, el Señor del Sábado fue clavado en la cruz como el gran sacrificio por los pecados de los hombres.[50] El Mesías fue así cortado en medio de la septuagésima semana, y por su muerte hizo cesar el sacrificio y la ofrenda.[51]

Pablo describe así la abrogación del sistema típico de sacrificios, en la crucifixión del Señor Jesús:

...y anular la deuda que teníamos pendiente por los requisitos de la ley. Él anuló esa deuda que nos era adversa, clavándola en la cruz... Así que nadie los juzgue a ustedes por lo que comen o beben, o con respecto a días de fiesta religiosa, de luna nueva o de reposo. Todo esto es una sombra de las cosas que están por venir; la realidad se halla en Cristo. [52]

El objetivo de esta acción es declarado como una serie de ordenanzas. El modo de su abrogación se declara así: (1) borrado; (2) clavado en la cruz; (3) sacado del camino. Su naturaleza se muestra en estas palabras: "Contra nosotros" y "contrario a nosotros". Las cosas que contenían eran carnes, bebidas, días santos (del griego: días de fiesta), lunas nuevas y sábados.[53] Todo es declarado como "sombra" de lo bueno que tenía que venir. Y el cuerpo que proyectaba esta sombra era Cristo. Esa ley, que fue proclamada por la voz de Dios, escrita por su propio dedo sobre las tablas de piedra y depositada bajo el propiciatorio, era completamente diferente del sistema de ordenanzas carnales escrito por Moisés en un libro y colocado en el lado del arca.[54] Sería absurdo hablar de las tablas de PIEDRA como unidas a la cruz. O hablar de BORRAR lo que fue GRABADO en PIEDRA. Sería representar al Hijo de Dios como derramando su sangre para borrar lo que el dedo de su Padre había escrito. Sería confundir todos los principios inmutables de su moralidad, y representar los diez mandamientos como "contrarios" a la naturaleza moral del hombre. Sería hacer de Cristo, ministro del pecado, para representarlo muriendo para destruir la ley moral completamente. Cualquiera que diga eso no puede mantenerse en la verdad, al decir que los diez mandamientos están entre las cosas contenidas en la enumeración de Pablo de lo que fue abolido. Tampoco hay excusa para aquellos que destruirían los diez mandamientos con esta declaración de Pablo, porque demuestra, al final, que lo que se abroga es la sombra de las cosas buenas que vendrían, lo que es absurdo si se aplica a la ley moral.

Las fiestas, las lunas nuevas y los sábados de la ley ceremonial que Pablo declaró abolidos como consecuencia de la abrogación de esa ley, ya se han comentado.[55] También se revisó que el sábado del Señor no está incluido en esa enumeración de Pablo. Además, los siguientes hechos lo evidencian:

1. El sábado del Señor fue hecho antes de que el pecado entrara en nuestro mundo. Por lo tanto, no es una de esas cosas que ensombrece la redención del pecado.[56]
2. Siendo hecho PARA el hombre antes de la caída, no es una de esas cosas que están CONTRA él o CONTRARIO a él.[57]
3. Cuando los sábados ceremoniales fueron ordenados, fueron cuidadosamente distinguidos del sábado del Señor.[58]
4. El sábado del Señor no debe su existencia a una ordenanza escrita por Moises, sino que se encuentra en el mismo seno de ley que Jesús "no vino a destruir". La abrogación de la ley ceremonial no podía, por lo tanto, abolir el sábado del cuarto mandamiento.[59]
5. El esfuerzo de nuestro Señor, a través de todo su ministerio para redimir el sábado de la esclavitud de los doctores judíos y para vindicarlo como una institución misericordiosa, es totalmente inconsistente con la idea de que Jesús lo clavó en la cruz como una de esas cosas contra el hombre, o contrarias a él.
6. La petición de nuestro Señor, respecto a la huida de los discípulos de Judea, reconoce la santidad del sábado muchos años después de la crucifixión del Salvador.
7. La eternidad del sábado, en la nueva tierra, no se concilia fácilmente con la idea de que fue borrado y clavado en la cruz de nuestro Señor, como una de esas cosas que eran contrarias al hombre.[60]
8. Porque la autoridad del cuarto mandamiento es expresamente reconocida después de la crucifixión del Salvador.[61]
9. Y finalmente, la ley real no ha sido abolida porque encarna los diez mandamientos, que incluye el sábado del Señor y llama a guardarlo.[62]

Cuando el Salvador murió en la cruz, expiró con él todo el sistema típico que había señalado ese acontecimiento como el comienzo de su anti-tipo. Al morir el Salvador, José de Arimatea se reunió con Pilato y solicitó el cuerpo de Jesús, y con la ayuda de Nicodemo lo sepultó en su nuevo sepulcro.[63]

> *Era el día de preparación para el sábado, que estaba a punto de comenzar. Las mujeres que habían acompañado a Jesús desde Galilea siguieron a José para ver el sepulcro y cómo colocaban el cuerpo. Luego volvieron a casa y prepararon especias aromáticas y perfumes. Entonces descansaron el sábado, conforme al mandamiento.*[64] *El primer día de la semana, muy de mañana, las mujeres fueron al sepulcro, llevando las especias aromáticas que habían preparado.* [65]

Este texto merece una atención especial: (1) porque es un expreso reconocimiento del cuarto mandamiento después de la crucifixión del Señor Jesús; (2) porque es el caso más notable de la observancia sabática en toda la Biblia. El Señor del Sábado estaba muerto, preparándose para su sepultamiento, pero cuando el sábado se presentó todo fue suspendido y descansaron, dice el historiador sagrado, "de acuerdo con el mandamiento"; (3) porque muestra que el día de reposo, según el mandamiento, es el día previo del primer día de la semana, identificando así el séptimo día en el mandamiento con el séptimo día de la semana del Nuevo Testamento; (4) porque es un testimonio directo que el conocimiento del verdadero séptimo día fue preservado tan tarde como la crucifixión, porque ellos observaban el día que se ordenaba en el mandamiento, y ese fue el día en que el Altísimo había descansado de la obra de la creación.

En el transcurso del día siguiente a ese sábado, es decir, al primer día de la semana, se comprobó que Jesús había resucitado de entre los muertos. Parece que este acontecimiento ocurrió ese mismo día, aunque no se dice así expresamente. En este punto de la historia es que muchos suponen que el sábado fue cambiado desde el séptimo al primer día de la semana, y que la santidad del séptimo día fue así también transferida al primer día de la semana, que en adelante sería llamado el sábado cristiano, con la misma autoridad del cuarto mandamiento. Para juzgar la veracidad de esta posición, leamos con cuidado cada mención del primer día encontrado en los cuatro evangelios. Así escribe Mateo:

Pasado el sábado, al amanecer del primer día de la semana, fueron María Magdalena y la otra María a ver el sepulcro.[66]

También, Marcos dice:

Cuando pasó el sábado, María Magdalena, María la madre de Jacobo, y Salomé, compraron especias aromáticas para ir a ungirlo. Muy de mañana, el primer día de la semana, vinieron al sepulcro, recién salido el sol...[67] *Habiendo, pues, resucitado Jesús por la mañana, el primer día de la semana, apareció primeramente a María Magdalena, de quien había echado siete demonios.*[68]

Lucas usa el mismo lenguaje:

Al regresar, prepararon especias aromáticas y ungüentos; y descansaron el sábado, conforme al mandamiento...[69] *El primer día de la semana, muy de mañana, fueron al sepulcro llevando las especias aromáticas que habían preparado, y algunas otras mujeres con ellas.*[70]

Juan presenta el mismo testimonio:

El primer día de la semana, María Magdalena fue de mañana, siendo aún oscuro, al sepulcro, y vio quitada la piedra del sepulcro...[71] *Cuando llegó la noche de aquel mismo día, el primero de la semana, estando las puertas cerradas en el lugar donde los discípulos estaban reunidos por miedo de los judíos, llegó Jesús y, puesto en medio, les dijo: ¡Paz a vosotros!*[72]

En estos textos se debe buscar la fundación del "sábado cristiano", si es que tal institución existe realmente, porque no hay otros registros del primer día que se refieran a un tiempo que se haya vuelto sagrado, supuestamente. Se supone que estos textos prueban que en la resurrección del Salvador, el primer día absorbió lo sagrado del séptimo, elevándose del rango de secular al de un día sagrado, y bajando el sábado del Señor al rango de "los seis días hábiles"[73]. Sin embargo, los siguientes hechos son muy llamativos. Si este asunto realmente cambió el sábado, ¿porque se observa lo siguiente?:

1. Que estos textos no contengan ninguna mención explícita de dicho cambio.

2. Que los autores discriminan cuidadosamente entre el sábado del cuarto mandamiento y el primer día de la semana.

3. Que no aplican ningún título sagrado a ese día, y particularmente omiten el título de sábado cristiano.

4. Que no mencionan el hecho de que Cristo descansó ese día, un acto esencial para que se convierta en su sábado.[74]

5. Que no relacionan el acto de tomar la bendición de Dios desde el séptimo día, y colocarlo en el primer día, y de hecho, no mencionan ningún acto de bendición y santificación del día.

6. Que los autores omiten cualquier cosa que Cristo hizo durante el primer día, e incluso se olvidan de informar que Cristo mencionó muy poco el primer día de la semana.

7. Que no dan ningún precepto en apoyo a la observancia del primer día, ni presentan un indicio en que el primer día de la semana puede ser observado por la autoridad del cuarto mandamiento.

Sin embargo, podría pensarse de las palabras de Juan, que en esta ocasión los discípulos fueron convocados con el propósito de honrar el día de la resurrección, y que Jesús sancionó este acto reuniéndose con ellos, logrando así el cambio del sábado. Basta con citar, en respuesta, las palabras que se narran en esta misma reunión:

Finalmente se apareció a los once mismos, estando ellos sentados a la mesa, y les reprochó su incredulidad y dureza de corazón, porque no habían creído a los que lo habían visto resucitado. [75]

Este testimonio de Marcos muestra que aquella inferencia, tan frecuentemente extraída de las palabras de Juan, es totalmente infundada: (1) los discípulos fueron reunidos con el propósito de comer la cena; (2) Jesús entró en medio de ellos y los reprendió por su incredulidad respecto a su resurrección.

Las Escrituras declaran que "con Dios todas las cosas son posibles". Sin embargo, esta declaración está limitada por el hecho de que Dios no puede mentir.[76] ¿El asunto sobre el cambio del sábado pertenece a aquellas cosas que son posibles para Dios? o ¿está excluido por esa importante limitación que dice que Dios no puede mentir? El Dador de la Ley es el Dios de la verdad, y Su Ley es la verdad.[77] Si al cambiar alguna cosa aún permanece la verdad, y si el Dador de la Ley sigue siendo el Dios de la verdad después de haber hecho el cambio, eso queda por verlo. El cuarto mandamiento, que se dice ha sido cambiado, se expresa así:

Acuérdate del día de reposo para santificarlo... El séptimo día es el Sábado de Jehová tu Dios... Porque en seis días hizo Jehová el cielo y la tierra, el mar y todo lo que en ellos hay, y descansó el séptimo día, por lo cual el Señor bendijo el día de reposo y lo santificó.

Si ahora insertamos "primer día" en lugar del séptimo, pondremos el asunto a prueba:

Acuérdate del día de reposo para santificarlo... el primer día es el Sábado de Jehová tu Dios. Porque en seis días Jehová hizo el cielo y la tierra, el mar, y todo lo que en ellos hay, y descansó el primer día, por lo cual el Señor bendijo el día de reposo y lo santificó.

Esto cambia la verdad de Dios en una mentira.[78] Porque es falso que Dios descansó el primer día de la semana y lo bendijo y lo santificó. Tampoco es posible cambiar el día de reposo del Creador desde aquel día en que descansó, a uno de los seis días en que no descansó.[79] Cambiar una parte del mandamiento, y dejar el resto inalterado, por lo tanto, no es la respuesta. Ya que la verdad que queda es, todavía, suficiente para exponer la falsedad en que se inserta. Se necesita un cambio más radical, como el siguiente:

Acuérdate del Sábado cristiano para santificarlo, porque el primer día es el Sábado del Señor Jesucristo, porque en aquel día resucitó de entre los muertos, bendijo el primer día de la semana y lo santificó.

Después de tal cambio, ninguna parte pertenece a la institución sabática original. No sólo el día de descanso del Señor se ha dejado de lado, sino también, las razones sobre las cuales se basa el cuarto mandamiento son, necesariamente, omitidas. Pero, ¿realmente existe dicha edición del cuarto mandamiento? No en la Biblia, ciertamente. ¿Es verdad que tales títulos se aplican al primer día? Nunca, en las Sagradas Escrituras. ¿El Señor de la Ley bendijo y santificó ese día? Absolutamente seguro que no. Sus labios ni siquiera lo mencionan. Tal cambio del cuarto mandamiento, por parte del Dios de la verdad, es imposible; pues no sólo afirma que es falso y niega lo que es verdadero, sino que convierte la verdad de Dios mismo, en un mentira. Es simplemente el acto de establecer un rival al Sábado del Señor, el cual, no teniendo ni la santidad ni la autoridad propia, ha logrado absorber el Sábado bíblico. Tal es la FUNDACIÓN del sábado del primer día. Los textos que se emplean para enseñar su institución se analizarán en su orden y lugar. Varios de aquellos textos pertenecen a esta referencia:

Ocho días después estaban otra vez sus discípulos dentro, y con ellos Tomás. Llegó Jesús, estando las puertas cerradas, se puso en medio y les dijo: ¡Paz a vosotros! [80]

No se puede afirmar que en esta ocasión nuestro Señor santifique el primer día de la semana, pues ese acto solo confirma la fecha de la resurrección. Pero dicen que la santidad del primer día es mencionada en este texto, y que pone la primera piedra y el primer pilar para el "templo" del primer día. El argumento que se extrae de él puede ser declarado así: *Jesús escogió este día como aquel en el cual manifestarse a sus discípulos; y por este acto atestiguó fuertemente su consideración para el día*. Pero no es un defecto pequeño, en este argumento, que la siguiente ocasión[81] en que se reunieron fue en una pesca, y su última y más importante manifestación, cuando subió al cielo, fue un jueves[82]. Lo que haga el Salvador, al encontrarse con sus discípulos es insuficiente, en sí mismo, para demostrar que cualquier día es sagrado, porque de otra manera demostraría la santidad de varios de los días laborables. Pero, un defecto aún más grave en este argumento, se encuentra en el hecho de que en este encuentro de Jesús con sus discípulos, no parece haber sido el primer día de la semana. Fue "después de ocho días" de la reunión anterior de Jesús con sus discípulos, los cuales, comenzando al final del día de la resurrección, claramente se llega al segundo día de la semana. "Después de ocho días" de esta reunión, si eso significa sólo una semana, necesariamente nos lleva al segundo día de la semana.[83] Pero una expresión diferente es utilizada por el Espíritu que inspiró la Biblia, cuando se habla de una semana. "Después de siete días" es el término escogido por el Espíritu Santo cuando se refiere a una semana.[84] Por otro lado, "después de ocho días" naturalmente implicaría el noveno o décimo día[85], pero asumiendo que era el octavo día, no es prueba de que la aparición del Salvador fuese en el primer día de la semana. Para resumir el argumento: la primera reunión de Jesús con sus discípulos fue en la tarde del del primer día de la semana, lo que un judío consideraría principalmente que fue el segundo día de la semana.[86] La segunda reunión no pudo haber sido antes del segundo o tercer día de la misma semana, y el día parece haber sido elegido simplemente para que Tomás estuviera presente. La tercera reunión fue en una pesca. Y la cuarta fue un jueves, cuando subió al cielo. El argumento de la santidad del primer día, observando aquel texto, está principalmente referido a la santidad ya examinada del sábado. Y la institución del sábado del primer día, a menos que se desarrolle un marco más sustancial que el que se acaba de demostrar es, en el mejor de los casos, un castillo en el aire.

El siguiente texto es considerado dentro del tejido de la supuesta santidad del primer día:

> *Cuando llegó el día de Pentecostés estaban todos unánimes juntos. De repente vino del cielo un estruendo como de un viento recio que soplaba, el cual llenó toda la casa donde estaban.*[87]

Se supone que este texto contribuye, como un pilar importante para el templo del primer día. En este sentido se afirma que: en esta ocasión los discípulos fueron convocados para celebrar el sábado del primer día, y el Espíritu Santo fue derramado en aquel tiempo en honor de ese día. A esta deducción hay, sin embargo, objeciones muy serias: (1) no hay evidencia de que existiera un sábado del primer día; (2) no hay indicios de que los discípulos se reunieron, en esta ocasión, para su celebración; (3) ni que el Espíritu Santo fuera entonces derramado en honor del primer día de la semana; (4) desde la ascensión de Jesús hasta el día del derramamiento del Espíritu, los discípulos habían estado en oración y súplica, de modo que su convocación en este día no era especialmente diferente de lo que había sido el caso de los últimos diez o más días;[88] (5) si el escritor sagrado tenía por objetivo demostrar que aquel día de la semana fue honrado por los acontecimientos narrados, sin duda lo habría declarado específicamente; (6) debido a que Lucas no menciona el nombre de ese día de la semana, sigue siendo, hasta ahora, un asunto de discusión. Incluso, eminentes autores[89] a favor del primer día, afirman que el día de Pentecostés de ese año fue un séptimo día; (7) el gran acontecimiento, que el Espíritu Santo preparó para ese día fue señalar el anti-tipo de la fiesta del Pentecostés, y el día específico de la semana en que esto ocurrió es totalmente despreciable. ¿Cuán extensa se ha hecho la idea de invertir el orden (erróneamente), haciendo que el día de la semana que el Espíritu Santo ni siquiera menciona (y sólo se asume que es el primer día) sea lo más importante, en vez de considerar que el objetivo del Espíritu Santo era destacar cuidadosamente el día del Pentecostés, no el día de la semana en que ocurrió? La conclusión a la que conducen estos hechos es evidente, es decir, que el pilar que se basa en este texto para santificar el primer día, como el fundamento de todo el edificio, es simplemente una cosa de la imaginación. Entonces, la segunda aparición de nuestro Señor a sus discípulos es un pilar digno de estar al lado de la primera idea [erronea] mencionada.

Un tercer pilar para el edificio del primer día, es el siguiente: la "redención" es mayor que la "creación", por lo tanto, el día de la resurrección de Cristo debe ser observado, en lugar del día del reposo del Creador. Pero esta proposición está abierta a una fatal objeción, ya que la Biblia no dice nada de eso.[90] ¿Quién sabe entonces que es verdad? Cuando el Creador dio existencia a nuestro mundo, ¿no previó la caída del hombre? Y, previendo esa caída, ¿no tuvo el propósito de redimir al hombre? ¿Y no se asume que la redención fue prevista en la misma creación? ¿Quién puede entonces afirmar que la redención es mayor que la creación?

Pero, como las Escrituras no deciden sobre este punto, supongamos que la redención es la mayor. ¿Quién sabe si se debe reservar un día para su conmemoración? La Biblia no dice nada al respecto. Pero asumiendo que un día debe ser separado para este propósito, ¿qué día debería ser? ¿debe ser aquel día en que la redención fue concluida? Pero, no es cierto que la redención ya haya terminado. La resurrección de los santos y la redención de la maldición de nuestra tierra están incluidos en esa obra.[91] Pero concediendo que la redención debe ser conmemorada antes de que sea terminada, poniendo aparte un día en su honor, la pregunta que surge otra vez es ¿qué día sería ese? La Biblia no responde. Si el día más memorable en la historia de la redención debe ser seleccionado, indudablemente el día de la crucifixión, en la que el precio de la redención humana fue pagada, ese día debe tener la preferencia. ¿Cuál es el día más memorable sino el que el infinito Dador de la Ley entregó a Su Hijo único y bien amado para morir una muerte ignominiosa por una raza de rebeldes que habían quebrantado su Ley? ¿o es el día en que Él resucitó a ese Hijo amado a la vida? Este último acontecimiento, aunque de interés grandioso, es lo más natural del mundo. La crucifixión del Hijo de Dios, para que los hombres pecadores puedan ser declarados justos, con seguridad es el acontecimiento más maravilloso en los anales de la eternidad. El día de la crucifixión es, por lo tanto, más allá de toda comparación, el día más memorable.

Y que la redención misma se sostiene en la crucifixión, más que en la resurrección, es un hecho indudable. Así está escrito:

En él tenemos redención por su sangre, el perdón de pecados según las riquezas de su gracia.[92] Cristo nos redimió de la maldición de la Ley, haciéndose maldición por nosotros (pues está escrito: "Maldito todo el que es colgado en un madero").[93] Y cantaban un cántico nuevo, diciendo: "Digno eres de tomar el libro y de abrir sus sellos, porque tú fuiste inmolado, y con tu sangre nos has redimido para Dios, de todo linaje, lengua, pueblo y nación".[94]

Si, por lo tanto, algún día debe ser observado en memoria de la redención, indudablemente el día de la crucifixión debe tener la preferencia. Pero es innecesario seguir en este punto. Si el día de la crucifixión, o el día de la resurrección debe ser preferido, es muy irrelevante. El Espíritu Santo no ha dicho nada en favor de ninguno de esos días, pero si se ha establecido que cada caso tenga su apropiado monumento. ¿Quiere conmemorar la crucifixión del Redentor? Usted no necesita cambiar el sábado para el día de la crucifixión. Hacer eso sería un pecado presuntuoso. Aquí está el monumento de la crucifixión divinamente establecido:

> *Yo recibí del Señor lo que también os he enseñado: Que el Señor Jesús, la noche que fue entregado, tomó pan; y habiendo dado gracias, lo partió, y dijo: "Tomad, comed; esto es mi cuerpo que por vosotros es partido; haced esto en memoria de mí". Asimismo tomó también la copa, después de haber cenado, diciendo: "Esta copa es el nuevo pacto en mi sangre; haced esto todas las veces que la bebáis, en memoria de mí". Así pues, todas las veces que comáis este pan y bebáis esta copa, la muerte del Señor anunciáis hasta que él venga.[95]*

Es la muerte del Redentor, por lo tanto, y no el día de su muerte, que el Espíritu Santo ha considerado digno de conmemoración. ¿También quieres conmemorar la resurrección del Redentor? No necesitas cambiar el sábado de la Biblia para ese propósito. El gran Dador de la Ley nunca ha autorizado tal acto. Pero ya fue ordenado un monumento apropiado de ese acontecimiento:

> *¿O no sabéis que todos los que hemos sido bautizados en Cristo Jesús, hemos sido bautizados en su muerte?, porque somos sepultados juntamente con él para muerte por el bautismo, a fin de que como Cristo resucitó de los muertos por la gloria del Padre, así también nosotros andemos en vida nueva. Si fuimos plantados juntamente con él en la semejanza de su muerte, así también lo seremos en la de su resurrección.[96]*

Ser sepultado en la tumba líquida, como nuestro Señor fue sepultado en la tumba, y ser resucitado del agua para caminar en vida nueva, como nuestro Señor resucitó de entre los muertos por la gloria del Padre, es el monumento divinamente autorizado de la resurrección del Señor Jesús. Y que se observe, no el día de la resurrección, sino la resurrección misma, es lo que se planificó como digno para su conmemoración. Los acontecimientos que están en el fundamento de la redención son la muerte, el entierro y la resurrección del Redentor. Cada uno de ellos tiene su recordatorio apropiado. Mientras que los días en que ocurrieron, separadamente, no tienen ninguna importancia. Era la muerte del redentor, y no el día de su muerte, la que era digna de conmemoración, y por eso la cena del Señor fue designada para ese propósito. Fue la resurrección del Salvador, y no el día de la resurrección, el que es digno de conmemoración, por lo tanto, el bautismo fue ordenado como su memorial. Es el cambio de este memorial a la *aspersión* lo que ha proporcionado una posibilidad para la observación del primer día, en memoria de la resurrección.

Para celebrar la obra de redención, descansando del trabajo el primer día de la semana y después de seis días de trabajo, debe ser también verdad que nuestro Señor realizó la obra de la redención humana en los seis días anteriores a la de su resurrección, y que Él descansó ese día de su obra, lo bendijo y lo apartó por esa razón. Sin embargo, ninguno de estos detalles es cierto. Toda la vida de nuestro Señor estuvo dedicada a esta obra. Descansó temporalmente durante el día de reposo, después de su crucifixión, pero reanudó su obra en la mañana del primer día de la semana. Labor de la que nunca ha renunciado, y nunca lo hará, hasta que su obra sea perfecta en la resurrección de los santos y en sus redimidos. La redención, por lo tanto, no provee ningún argumento para el cambio del sábado, siendo bastantes sus propios monumentos, que no destruyen la del gran Creador. Y así, el tercer pilar en el templo de la santidad del primer día, como las otras partes de esa estructura que ya se examinaron, son sólo un asunto de la imaginación.

Un cuarto pilar en este templo se toma de una profecía antigua, en la cual se afirma que el sábado cristiano fue predicho:

La piedra que desecharon los edificadores ha venido a ser la cabeza del ángulo. De parte de Jehová es esto y es cosa maravillosa a nuestros ojos. Éste es el día que hizo Jehová; ¡nos gozaremos y alegraremos en él![97]

Este texto es considerado uno de los testimonios más fuertes en apoyo al sábado cristiano. Sin embargo, es necesario analizar los mismos puntos que este texto dice ser capaz de probar: (1) se supone que el Salvador se convirtió en la piedra angular por su resurrección; (2) el día de su resurrección se convirtió en el sábado cristiano en conmemoración de ese evento; (3) y que este día, así ordenado, debe ser celebrado a través de la abstinencia del trabajo y la asistencia al culto divino.

A estas extraordinarias hipótesis es apropiado responder: (1) no hay prueba de que Jesús se convirtió en la piedra angular el día de su resurrección. Las Escrituras no señalan el día en que ocurrió este evento. Que Él se haya hecho piedra angular hace referencia a convertirse en la pieza principal del templo espiritual compuesto por su pueblo, en otras palabras, a convertirse en cabeza de un cuerpo viviente, los santos del Altísimo. No parece que él asumiera esta posición hasta su ascensión en lo alto, donde él se convirtió en la piedra principal en Sión, arriba, elegida y preciosa.[98] Y, por lo tanto, no hay evidencia de que el primer día de la semana sea, incluso, referido en este texto; (2) tampoco hay la más mínima evidencia de que ese día, o cualquier otro día, fuera separado como el sábado cristiano en memoria de la resurrección de Cristo; (3) tampoco puede hallarse una alusión más clara en este texto que ordene la observancia sabática del primer día de la semana.

Esta escritura hace referencia directa al acto del Salvador de convertirse en la cabeza de la iglesia del Nuevo Testamento y, en consecuencia, pertenece a la iniciación de la dispensación del evangelio. El día en que el pueblo de Dios se regocija, en respuesta a la relación con su Redentor, no puede referirse a ningún día de la semana en especial, porque se les ordena que se "regocijen siempre"[99], en todo el período de la dispensación del evangelio. Nuestro Señor usa la palabra "día" de la misma manera cuando dice:

Abraham, vuestro padre, se gozó de que había de ver mi día; y lo vio y se gozó.[100]

Afirmar la existencia de, lo que se denomina el sábado cristiano, sobre la base del texto que (supuestamente) predice tal institución, es proporcionar un cuarto pilar para ese templo del primer día, tan insustancial como los otros ya analizados.

La septuagésima semana de la profecía de Daniel se extiende tres años y medio más allá de la muerte del Redentor, hasta el comienzo de la gran obra para los gentiles. Este período de siete años, sobre el cual hemos estado estudiando, es el período más lleno de acontecimientos en la historia del sábado. Abarca toda la historia del Señor del sábado en relación con esa institución: sus milagros y enseñanzas, y por la cual algunos afirman que Él debilitó su autoridad. Su muerte, con la cual muchos afirman que Él abrogó Su sábado. Y su resurrección, en la cual un número aún mayor declara que lo cambió al primer día de la semana. Sin embargo, hemos obtenido la más amplia evidencia de que cada una de estas posturas es falsa, y que al inicio de la gran obra a favor de los gentiles, el sábado del cuarto mandamiento fue observado, no debilitado, ni abrogado, ni cambiado.

NOTAS

1 Gálatas 4:4,5; Juan 1:1-10; 17:5,24; y Hebreos 1.
2 Daniel 9:25; Marcos 1:14,15.
3 Lucas 4:14-16.
4 Lucas 4:30-39.
5 Ver acerca de este punto en la conclusión del capítulo 8.
6 Marcos 1:32-34.
7 Mateo 12:1-8.

El Sábado Durante las Últimas Setenta Semanas

8   Marcos 2:27,28.
9   Comparar con Juan 1:1-3; y Génesis 1:1,26; 2:1-2.
10 Ver capítulo 8.
11 Números 28:9,10.
12 Levíticos 24:5-9; 1ª Crónicas 9:32.
13 Oseas 6:6.
14 En griego sería así: *Kai elegen autois. To sabbaton dia ton anthropon egebeto, ech o anthropos dia to sabbaton*.
15 1ª Corintios 11:9.
16 Génesis 2:1-3,7,21-23.
17 Mateo 19:3-9.
18 Éxodo 16:23; 23:12; Isaías 58:13,14.
19 Ver la conclusión del capítulo 9.
20 Mateo 5:17-19; Isaías 42:21.
21 Mateo 12:8. Versión Nueva Reina Valera 2000 (NRV2000).
22 Mateo 12:9-14; Ver también Marcos 3:1-6; Lucas 6:6-11.
23 Marcos 6:2
24 Juan 5:5-18.
25 El testamento griego del Dr. Bloomfield sobre este texto; Testamento familiar de la American Tract Society sobre el mismo; Nevins Biblical Antiquities, págs. 62, 63.
26 Compare Jeremías 17:21-27 con Nehemías 13:15-20.
27 Génesis 2:1-3; Éxodo 20:8-11; Isaías 56; 58:13,14; Ezequiel 20.
28 Gálatas 4:4; Mateo 5:17-19; 7:12; 19:17; y Lucas 16:17.
29 Juan 5:19
30 Juan 7:21-23.
31 Grocio dice bien: "Si sanó a alguno en sábado, no solo lo hizo por la ley, sino también por las opiniones que recibía, dado que tales obras no estaban prohibidas en el día de reposo". La verdad de la religión cristiana, Libro V, sección 7.
32 Juan 9:4-7.
33 Juan 9:14.
34 Lucas 13:10-17.
35 1ª Pedro 3:6.
36 Lucas 14:1-6.
37 Mateo 23:23.
38 Mateo 24:15-21.
39 Daniel 9:26,27.
40 Lucas 21:20.
41 Jewish Wars, Libro II, capítulo XIX.
42 Ibid, capítulo XX.
43 Historia Eclesiástica, Libro III, capítulo V.
44 Jewish Wars, Libro II, capítulo XIX.
45 Deuteronomio 16:16.
46 Así dice el Sr. Crozier en el Advent Harbinger del 6 de diciembre de 1851: "La referencia al sábado en Mateo 24:20, solo muestra que los judíos que rechazaron a Cristo guardarían el sábado durante la destrucción de Jerusalén pero, además de la huida, se le sumaba el peligro el ser castigados con la muerte debido a huir en

ese día". Y el Sr. Marsh, olvidando que Cristo prohibió a sus discípulos llevarse algo con ellos en su huida, usa el siguiente lenguaje: "Si los discípulos intentaban huir de Jerusalén ese día y cargaban sus cosas, los judíos los acusarían durante su huída y quizás los matarían. Los judíos guardarían el sábado, porque rechazaron a Cristo y su evangelio", Advent Harbinger, 24 de enero de 1852. Pero estas citas traicionan la argumentación de sus propios autores. Como una distinción honorífica a estos anti-sabatistas, vea el siguiente texto citado por el Sr. William Miller, él mismo era un observador del primer día de la semana: "Ni en el día de reposo. Debido a que debía ser guardado como un día de descanso, y ningún trabajo servil debía hacerse ese día, ni sería correcto para ellos viajar en ese día. Cristo en este lugar sancionó el sábado, y nos muestra claramente nuestro deber, al no permitir que ninguna circunstancia trivial nos haga violar la ley del día de reposo. Sin embargo, ¿cuántos que profesan creer en Cristo, en este día presente, visitan, viajan y comen en este día? Aquella persona, que trata con desprecio la ley moral de Dios y desprecia los preceptos del Señor Jesús, hace una falsa profesión de amor. Aquí podemos aprender nuestra obligación de recordar el día de reposo, para santificarlo". Exposición de Mateo 24, pág. 18.

47 Jewish Wars, Libro II, capítulo XIX.
48 Ibid, Libro II, capítulo XIX.
49 El presidente Edward dice: "Un argumento adicional para la perpetuidad del sábado que tenemos en Mateo 24:20 es: 'Ora para que tu huida no sea en el invierno, ni en el día de reposo'. Cristo está hablando aquí de la huida de los apóstoles y otros cristianos fuera de Jerusalén y Judea, justo antes de su destrucción final, como se manifiesta por todo el contexto, y especialmente por el versículo 16: 'Entonces huyan los que están en Judea a las montañas'. Pero esta destrucción final de Jerusalén fue después de la disolución de la constitución judía, y después de que la dispensación cristiana fue completada. Sin embargo, está claramente implícito en estas palabras de nuestro Señor, que incluso entonces los cristianos estaban obligados a una estricta observancia del sábado". Trabajos del presidente Edwards, tomo IV, págs. 621, 622, Nueva York, 1849.
50 Mateo 27; Isaías 53.
51 Daniel 9:24-27.
52 Colosenses 2:14,16,17.
53 Para una visión más amplia de estas fiestas judías, véase el capítulo 7.
54 Deuteronomio 10:4,5, en comparación con 31:24-26. Así, Morer contrasta la frase "en el arca", que se usa con referencia a las dos tablas, con la expresión "en el costado del arca", como se usa con respecto al libro de la ley, y dice de esta última: "En el lado del arca, o más exactamente, en el exterior del arca, o en un cofre aparte en el lado derecho del arca, dice el Targum de Jonatán". Diálogos de Morer en el día del Señor, pág. 211, Londres, 1701.
55 Ver capítulo 7.
56 Ver capítulo 2.
57 Marcos 2:27.
58 Levíticos 23:37,38.
59 Génesis 2:1-3; Éxodo 20; Mateo 5:17,19.
60 Isaías 66:22,23.

El Sábado Durante las Últimas Setenta Semanas

61 Lucas 23:34-56.
62 Santiago 2:8-12; Mateo 5:17-19; Romanos 3:19,31.
63 Hebreos 9; 10; Lucas 23:46-53; Juan 19:38-42.
64 Lucas 23:54-56.
65 Lucas 24:1.
66 Mateo 28:1.
67 Marcos 16:1,2.
68 Marcos 16:9.
69 Lucas 23:56.
70 Lucas 24:1.
71 Juan 20:1.
72 Juan 20:19.
73 Ezequiel 46:1.
74 Ver el origen del antiguo sábado en Génesis 2:1-3.
75 Marcos 16:14. Para comprobar que esta entrevista fue ciertamente la misma que en Juan 20:19, se recomienda un examen cuidadoso de Lucas 24.
76 Mateo 19:26; Tito 1:2.
77 Isaías 65:16; Salmo 119:142,151.
78 Romanos 1:25.
79 Es igual de fácil cambiar el día de la crucifixión desde el día de la semana en que Cristo fue crucificado, a otro en que no fue crucificado, como cambiar el día de descanso del Creador desde el día en que descansó, a uno de los seis días en que trabajó en la obra de la creación.
80 Juan 20:26
81 Juan 21.
82 Hechos 1:3. Los cuarenta días desde la resurrección terminan un día jueves.
83 El mismo día en que Jesús resucito, y "se hacía tarde", el Salvador y dos de sus discípulos se acercaron a Emaús, una aldea a doce kilómetros de Jerusalén. Le insistieron para que se quedara con ellos por la noche. Mientras cenaban, descubrieron que era Jesús, y éste desapareció de su vista. Entonces se levantaron y regresaron a Jerusalén. Una vez que llegaron, tuvo lugar la primera reunión de Jesús con los once. Por lo tanto, sin duda se había puesto el sol, que cerró el día, y fue el segundo día cuando Jesús entró en medio de ellos (Lucas 24). En este último caso, la expresión "el mismo día al anochecer que es el primer día de la semana" encontraría un paralelo exacto en el significado, en la expresión "a los nueve días del mes en la tarde" (Levíticos 23:32). Lo que realmente significa es que en la tarde del décimo día comienza el séptimo día del séptimo mes.
84 "Después de seis días", en lugar de ser el sexto día, fue alrededor de ocho días después. Marcos 17:1, Marcos 9:2 y Lucas 9:28.
85 Se dijo que los que iban a comparecer ante Dios desde el sábado hasta el sábado para ministrar en su templo, vendrían "después de siete días". 1ª Cronicas 9:25; y 2ª Reyes 11:5.
86 Esa puesta de sol marca el final del día, ver el final del capítulo 8.
87 Hechos 2:1,2.
88 Lucas 24:49-53; Hechos 1.

89 Horatio B. Hacket, D.D., profesor de literatura bíblica, en Newton Theological Institution, señala así: "Generalmente se supone que este Pentecostés, señalado por el derramamiento del Espíritu, cayó en el sábado judío, nuestro sábado". Comentario del texto original de las actas, págs. 50, 51.
90 En 1633, William Prynne, un prisionero en la torre de Londres, compuso una obra en defensa de la observancia del primer día, titulada "Disertación acerca del día de reposo del Señor". Él reconoce la inutilidad del argumento bajo consideración: "Ninguna parte de la Escritura... prefiere o eleva la obra de la redención... por sobre la obra de la creación, ambas obras son muy grandes y gloriosas en sí mismas; por lo tanto, no podría creer que la redención, o la resurrección de Cristo unicamente, pueda ser más excelente y gloriosa que la obra de la creación, sin suficientes textos y fundamentos de la Escritura para probarlo. Pero puede negarse por ser una presunción fantasiosa, o una afirmación poco sólida, hasta que pueda ser confirmada, o afirmada sin pruebas". Página 59. Este es el juicio de un sincero defensor del primer día como una fiesta cristiana. En Hechos 20:7, se le permitirá testificar nuevamente.
91 Lucas 21:28; Romanos 8:23; Efesios 1:13,14; 4:30.
92 Efesios 1:7
93 Gálatas 3:13.
94 Apocalipsis 5:9.
95 1 Corintios 11:23-26.
96 Romanos 6:3-5
97 Salmo 118:22-24.
98 Efesios 1:20-23; 2:20,21; 1ª Pedro 2:4-7.
99 1ª Tesalonisenses 5:16.
100 Juan 8:56.

EL SÁBADO DURANTE EL MINISTERIO DE LOS APÓSTOLES

Hemos rastreado el sábado a través del período de su especial conexión con la familia de Abraham. La terminación de las setenta semanas nos lleva al llamado de los gentiles, y a su admisión a los mismos privilegios con la raza hebrea. Hemos visto que Dios no cometía injusticia al conferir bendiciones especiales a los hebreos, y al mismo tiempo dejar a los gentiles a sus propios y elegidos caminos[1]. En dos ocasiones había dado a la familia humana, por un periodo de tiempo, el medio más amplio de gracia que permitía el mundo en su época, y cada vez resultó en la casi total apostasía de la humanidad. Entonces, Dios escogió como su heredad a la familia de Abraham, su amigo, y por medio de esa familia conservó en la tierra el conocimiento de su ley, su sábado y de Él mismo, hasta la venida del gran Mesías. Durante su ministerio, el Mesías reafirmó con solemnidad la perpetuidad de la ley de su Padre, ordenando obediencia, incluso al menor de sus mandamientos[2]. A su muerte, rompió el muro que mantenía[3], por mucho tiempo, a los hebreos como el pueblo apartado, y cuando estaba a punto de ascender al cielo ordenó a sus discípulos que fueran a todo el mundo, y predicaran el evangelio a toda criatura, enseñándoles a observar todas las cosas que Él les había mandado[4]. Con la conclusión de la septuagésima semana, los apóstoles emprenden la ejecución de esta gran comisión a los gentiles[5]. Varios hechos de profundo interés deben ser destacados aquí:

1. El nuevo pacto o testamento data desde la muerte del Redentor. De acuerdo con la predicción de Jeremías, comenzó sólo con los hebreos, y se limitó exclusivamente a ellos hasta la conclusión de la septuagésima semana. Luego, los gentiles fueron admitidos a una plena participación con los hebreos, en sus bendiciones. Ya no siendo foráneos y extranjeros, sino conciudadanos con los santos[6]. Dios hiso un pacto con su pueblo, esta vez como individuos y no como nación. Las promesas de este pacto abarcan dos puntos de gran interés: (1) Dios pondrá su ley en los corazones de su pueblo; (2) Dios perdonará sus pecados. Estas promesas hechas seiscientos años antes del nacimiento de Cristo, no cuestionan el significado de la ley de Dios. Era la ley de Dios la que debía ser puesta en el corazón de cada santo del nuevo pacto. El nuevo pacto, entonces, se basa en la perpetuidad de la ley de Dios. No abroga esa ley, sino que quita el pecado, que es la transgresión de la ley, del corazón y pone la ley de Dios en su lugar[7]. La perpetuidad de cada precepto de la ley moral está, por lo tanto, en el fundamento mismo de la nueva alianza.

2. Como el primer pacto tenía un santuario, y dentro de ese santuario estaba el arca que contenía la ley de Dios en diez mandamientos[8], y tenía también un sacerdocio para ministrar delante de esa arca para hacer expiación por los pecados de los hombres[9], así también es con el nuevo pacto. En lugar del tabernáculo erigido por Moisés como el modelo del verdadero, el nuevo pacto tiene un tabernáculo más grande y más perfecto que el Señor levantó, y no el hombre, el templo de Dios en el Cielo[10]. El lugar destacado del santuario terrenal era el arca que contenía esa ley que el hombre había roto, así también lo es con el santuario celestial. "El templo de Dios fue abierto en el cielo, y en su templo se vio el arca de su testamento".[11] Nuestro Señor Jesucristo, como un gran Sumo Sacerdote, presenta su propia sangre delante del arca del testamento de Dios, en el templo del Cielo. Respecto a este mueble, ante el cual Él ministra, notemos los siguientes puntos:

(a) El arca en el templo celestial no está vacía, sino que contiene el pacto de Dios y, por lo tanto, es el gran centro del santuario celestial, ya que el arca del pacto de Dios era el centro del santuario de la tierra[12].

(b) La muerte del Redentor por los pecados de los hombres, y su trabajo como Sumo Sacerdote ante el arca en el Cielo, tienen referencia directa al hecho de que dentro de ese arca está la ley que la humanidad ha quebrantado.

(c) Como la expiación y el sacerdocio de Cristo hacen referencia a la ley dentro del arca ante la cual él ministra, se deduce que esta ley existió y fue transgredida antes de que el Salvador descendiera a morir por los hombres.

(d) Por lo tanto, la ley contenida en el arca celestial no es una ley que se originó en el Nuevo Testamento, porque necesariamente existía mucho tiempo antes.

(e) Si, por lo tanto, Dios ha revelado esta ley a la humanidad, esa revelación debe buscarse en el Antiguo Testamento. Pues, mientras el Nuevo Testamento hace muchas referencias a esa ley, que hizo que el Salvador dejara su vida por hombres pecadores e incluso él mismo habla de ella, nunca publica una segunda edición o versión, sino que nos cita al Antiguo Testamento como la versión original[13].

(f) Se entiende, por lo tanto, que esta ley se revela, y que esta revelación se encuentra en el Antiguo Testamento.

(g) En el antiguo testamento se encuentra:

El descenso del Santo sobre el Monte Sinaí.

La proclamación de su ley en diez mandamientos.

Los diez mandamientos escritos por el dedo de Dios sobre dos tablas de piedra.

Estas tablas se colocan debajo del propiciatorio, en el arca del santuario terrenal[14].

(h) Es digno de notar que la Ley del Antiguo Testamento, que fue guardada en el arca del santuario terrenal, era idéntica a la del arca en el Cielo, y se puede demostrar así:
- El asiento de misericordia, que fue puesto sobre los diez mandamientos, era el lugar desde el cual se solicitaba el perdón, el gran punto central en la obra de expiación[15].
- La ley bajo el propiciatorio era la que hacía necesaria la obra de la expiación.
- No hubo expiación que pudiera quitar los pecados, era sólo una expiación simbólica o típica.
- Pero había un pecado real y, por lo tanto, una verdadera ley que el hombre había quebrantado.
- Por lo tanto, debe haber una expiación que si pueda quitar los pecados, y esa verdadera expiación debía pertenecer a esa ley que fue quebrantada, y con respecto a la cual tal expiación había sido solo una "sombra"[16].

Los diez mandamientos están así establecidos en el Antiguo Testamento como la ley que exigía una expiación, mientras que un hecho que se mantiene siempre en la vista es que, esos sacrificios no servían para quitarnos los pecados[17].

Pero la muerte de Jesús, como el anti-tipo de esos sacrificios, fue diseñada para realizar precisamente lo que ellos simbolizaban, pero que ellos no podían hacer, a saber, hacer expiación por la transgresión de esa ley que fue puesta en el arca bajo el propiciatorio (o asiento de la misericordia)[18].

De esta manera llegamos a la conclusión de que la ley de Dios, contenida en el arca en el Cielo, es idéntica a la ley que estaba contenida en el arca sobre la tierra, y que también es idéntica a la ley que el nuevo pacto pone en el corazón de cada creyente[19]. El Antiguo Testamento, por lo tanto, nos da la ley de Dios y la declara perfecta. También proporciona una expiación típica, pero la declara insuficiente para quitar los pecados[20]. Por lo tanto, lo que se necesitaba no era una nueva versión de la ley de Dios, porque la Ley dada ya era perfecta, sino una verdadera expiación para quitar la culpa del transgresor. Así que el Nuevo Testamento responde precisamente a esta necesidad, proporcionando una verdadera expiación a través la muerte e intercesión del Redentor, sin dar una nueva versión de la ley de Dios[21], sino que nos recuerda Su perfecta ley ya dada en el pasado. Aunque el Nuevo Testamento no da una nueva versión de la ley de Dios, sí muestra que la dispensación cristiana tiene el gran original de esa ley en el santuario del Cielo.

(i) Hemos visto que el nuevo pacto coloca la ley de Dios en el corazón de cada creyente, y que el original de esa ley se conserva en el templo del Cielo. Que toda la humanidad está bajo la ley de Dios (y que ha sido así siempre) es claramente demostrado por la epístola de Pablo a los romanos. En el primer capítulo de Romanos se traza el origen de la idolatría, hasta la apostasía voluntaria de los gentiles, que tuvo lugar poco después del diluvio. En el segundo capítulo, Pablo muestra que aunque Dios los entregó a sus propios caminos, y como consecuencia los dejó sin su ley escrita, no fueron dejados en completa oscuridad porque tenían por naturaleza la ley escrita en sus corazones. Y como la luz que tenían era débil, su salvación dependía de vivir en esa luz, y sería su ruina si pecaban contra ella. En el tercer capítulo, él muestra las ventajas que tenía la familia de Abraham por ser elegida como la herencia de Dios, mientras que todas las otras naciones fueron dejadas en sus propios caminos. Además muestra que no eran mejores que los gentiles, porque ambos grupos eran transgresoras de la ley. Esto se prueba por algunas citas del Antiguo Testamento. Luego muestra que la ley de Dios tiene jurisdicción sobre toda la humanidad:

Pero sabemos que todo lo que la Ley dice, lo dice a los que están bajo la Ley, para que toda boca se cierre y todo el mundo quede bajo el juicio de Dios.[22]

Luego, muestra que la ley no puede salvar al culpable, sino que debe condenarlo, y con justicia. Posteriormente, revela el gran hecho de que la redención a través de la muerte de Jesús es el único medio por el cual Dios puede justificar a aquellos que buscan el perdón. Y finalmente exclama:

Luego, ¿por la fe invalidamos la Ley? ¡De ninguna manera! Más bien, confirmamos la Ley.[23]

Se deduce, por lo tanto, que la ley de Dios no está abolida. Y que la condenación que pronuncia la ley, sobre los culpables, es tan amplia como la oferta de perdón a través del evangelio. El hombre, en su estado de rectitud, poseía la Ley de Dios perfectamente en su corazón, como lo demuestra el hecho de que el nuevo pacto, después de liberar a los hombres de la condenación de la ley de Dios, pone esa ley perfecta en sus corazones. De todo esto se deduce que la ley de Dios es el gran estándar por el cual se muestra el pecado[24] y, por lo tanto, la regla de vida por la cual toda la humanidad, judíos y gentiles, deben caminar.

Por la ilustración del "buen olivo" se muestre que la iglesia, en la actual dispensación, es realmente una continuación de la antigua iglesia hebrea. Esa iglesia antigua era el olivo de Dios, y ese olivo nunca ha sido destruido[25]. Debido a la incredulidad, algunas de sus ramas fueron quebradas, pero la proclamación del evangelio a los gentiles no crea un olivo nuevo, sólo injerta en el buen olivo a los gentiles que creen. Dándoles un lugar entre las ramas originales para que, con ellas, participen de su raíz y sabia. Este olivo debe provenir del mismo llamado a Abraham, después de la apostasía de los gentiles. Su tronco es representado por los patriarcas, comenzando con el padre de los fieles[26]. Y sus ramas, el pueblo hebreo. El injerto del olivo silvestre, en el lugar de las ramas que fueron rotas, representa la admisión de los gentiles a los mismos privilegios de los hebreos, después que concluyeran las setenta semanas. La iglesia del Antiguo Testamento, el olivo original, era un reino de sacerdotes y una nación santa. La iglesia del Nuevo Testamento, el olivo después del injerto de los gentiles, se describe en los mismos términos[27].

El Sábado Durante el Ministerio de los Apóstoles

Cuando Dios entregó a los gentiles a la apostasía después del llamado a Abraham, confundió su lenguaje, para que no se entendieran entre sí, y así los dispersó sobre la faz de la tierra. Frente a esto está el don de lenguas en el día de Pentecostés, que los preparaba para el llamado de los gentiles, y su injerto en el buen olivo[28].

Hemos seguido el sábado hasta el llamado a los gentiles, y a los primeros acontecimientos de la dispensación del evangelio. Encontramos que la ley de Dios, de la cual es parte el sábado, es aquella que hizo necesaria la muerte de nuestro Señor como sacrificio expiatorio, y que la gran arca original está en el Cielo, ante la cual nuestro Señor ministra como sumo sacerdote. Mientras que una copia de ese nuevo pacto está escrito dentro del corazón de cada creyente. Se ve, por lo tanto, que la ley de Dios está más íntimamente conectada con el pueblo de Dios desde la muerte del Redentor, que antes de ese acontecimiento.

Que la iglesia apostólica consideraba el sábado como sagrado, así como todos los demás preceptos de la ley moral, no hay duda en ello. Ese hecho está probado, no sólo porque los primeros cristianos no fueron acusados de su violación por sus tradicionales enemigos, sino porque ellos sostenían que el pecado era la transgresión de la ley, y que la ley era el gran estándar por el cual se evidencia el pecado, y aquello por lo cual el pecado "se vuelve excesivamente pecaminoso"[29]. Estos puntos son ciertamente evidencia muy decisiva de que la iglesia apostólica guardó el cuarto mandamiento. El testimonio de Santiago, con respecto a los diez mandamientos, de que el que viola uno de ellos se vuelve culpable de todo, es otra evidencia fuerte de que la iglesia primitiva consideró sagrada toda la ley de Dios[30]. Pero además de estos hechos, tenemos una garantía peculiar de que el sábado del Señor no fue olvidado por la iglesia apostólica. La oración que nuestro Señor enseñó a sus discípulos, de que su huida de Judea no debía ser en sábado era, como hemos visto, diseñada para impresionar su santidad profundamente en sus mentes, y no pudo sino asegurar ese resultado[31]. En la historia de la iglesia primitiva tenemos varias referencias importantes al sábado. La primera de ellas es la siguiente:

Ellos, pasando de Perge, llegaron a Antioquía de Pisidia; y entraron en la sinagoga un sábado y se sentaron.[32]

Por invitación de los gobernantes de la sinagoga, Pablo pronunció un largo discurso, demostrando que Jesús era el Cristo. En el transcurso de estas observaciones utilizó el siguiente lenguaje:

Porque los habitantes de Jerusalén y sus gobernantes, que no conocían a Jesús ni las palabras de los profetas que se leen todos los sábados, las cumplieron al condenarlo.[33]

Cuando el discurso de Pablo concluyó, leemos:

Cuando salieron ellos de la sinagoga de los judíos, los gentiles les rogaron que el siguiente sábado les hablaran de estas cosas[34]*. Y despedida la congregación, muchos de los judíos y de los prosélitos piadosos siguieron a Pablo y a Bernabé, quienes hablándoles los persuadían a que perseveraran en la gracia de Dios. El siguiente sábado se juntó casi toda la ciudad para oir la palabra de Dios.*[35]

Estos textos muestran que: (1) el término "sábado" en el libro de Hechos se entiende como el día en que el pueblo judío se reunía en la sinagoga para escuchar el mensaje de los profetas; (2) como este discurso fue catorce años después de la resurrección de Cristo, y el registro de Lucas fue unos treinta años después de ese evento, se entiende que el cambio del día sábado al día de la resurrección de Cristo no había sucedido, incluso muchos años después, no era algo conocido para Lucas ni para Pablo; (3) aquí había una oportunidad notable de mencionar el cambio del sábado, si fuese verdad de que el sábado había sido cambiado a otro día en honor a la resurrección de Cristo. Porque cuando se le pidió a Pablo que predicara las mismas palabras "el siguiente sábado", él podría haber respondido que el día siguiente al sábado era el día apropiado para el culto divino. Y Lucas, al colocar este incidente en el registro, no podría evitar la mención de este nuevo día, si hubiera sido cierto que otro día se había convertido en el sábado del Señor; (4) como en esta segunda reunión (o culto) participaban casi solamente gentiles, no se puede decir aquí que Pablo predicaba el sábado "de los judíos". Por el contrario, la narración indica fuertemente la consideración de Pablo para el día de reposo como el día apropiado para el culto divino; (5) tampoco puede negarse que el sábado fue bien comprendido por los gentiles de aquella ciudad, y que tenían algún grado de respeto por el, hecho que será corroborado por otros textos.

Varios años después de estas cosas, los apóstoles se reunieron en Jerusalén para considerar la "cuestión de la circuncisión"[36]. "Ciertos hombres que descendían de Judea", viendo que los gentiles eran incircuncisos, enseñaban a los hermanos, y decían: "Si no os circuncidáis a la manera de Moisés, no podéis ser salvos". Si hubieran encontrado a los gentiles descuidando el sábado, incuestionablemente esta habría sido su primera reprensión. De hecho, es digno de notar que no existía ninguna disputa en este tiempo de la iglesia con respecto a la observancia del sábado, porque ninguno fue llevado ante esta asamblea apostólica por esta razón. Sin embargo, si hubiese sido verdad que el cambio del sábado era defendido, o que Pablo había enseñado a los gentiles a descuidar el sábado, sin duda aquellos que plantearon la cuestión de la circuncisión habrían insistido en el "sábado" con aún mayor seriedad. Que la ley de Moisés, cuya observancia estaba en discusión en aquella asamblea, no pertenece los diez mandamientos, es evidente por varios hechos decisivos: (1) porque Pedro llama a la ley en discusión "un yugo" que ni sus padres ni ellos mismos podían soportar; pero Santiago llama expresamente a la verdadera ley, la que encarna los diez mandamientos, una ley de la libertad; (2) porque esta asamblea discutía sobre la autoridad de la ley de Moisés, y sin embargo, Santiago, que era miembro de este grupo, algunos años después hizo, solemnemente, ordenar la obediencia a los mandamientos, afirmando que el que violaba uno era culpable de todos;[37] (3) porque la característica principal en la ley de Moisés, como aquí se presenta, era la circuncisión[38]. Pero la circuncisión no estaba en los diez mandamientos. Y si es verdad que la ley de Moisés[39] incluye estos mandamientos, la circuncisión no sería en ese caso un rasgo principal de esa ley; (4) finalmente, porque el precepto (circuncisión) que aún se declaraba obligatorio no es, propiamente tal, uno de los diez mandamientos. Éstos eran, primero, la prohibición de las carnes ofrecidas a los ídolos, segundo, sobre la sangre, tercero, de cosas estranguladas, y cuarto, de fornicación[40]. Cada uno de estos preceptos puede encontrarse a menudo en los libros de Moisés, el primero y el último aparecen en el segundo y séptimo mandamiento respectivamente. Pero ninguno de ellos cubre, sino sólo una parte de lo que está prohibido en cualquiera de esos dos mandamientos. Es evidente, por lo tanto, que la autoridad de los diez mandamientos no estaba bajo consideración en esta asamblea, y que la decisión de esa asamblea no tenía relación con esos preceptos. Porque, de otro modo, los apóstoles liberaron a los gentiles de toda obligación sobre ocho de los diez mandamientos, y de la mayoría de las prohibiciones contenidas en los otros dos.

Es evidente que, declarar a los gentiles como "liberados" de la obligación del sábado por esta asamblea, es erróneo. El asunto no se presentó ante los apóstoles en esta ocasión. Este es un fuerte argumento de que a los gentiles no se les había enseñado a descuidar el sábado, ya que el tema de omitir la circuncisión fue el único asunto presentado a los apóstoles en Jerusalén. Sin embargo, el sábado fue referido en esta misma asamblea como una institución existente, y vigente también para los cristianos gentiles. Así, cuando Santiago pronunció su argumento respecto a los gentiles, utilizó el siguiente lenguaje:

> *Por lo cual yo juzgo que no se inquiete a los gentiles que se convierten a Dios, sino que se les escriba que se aparten de las contaminaciones de los ídolos, de fornicación, de ahogado*

y de sangre, porque Moisés desde tiempos antiguos tiene en cada ciudad quien lo predique en las sinagogas, donde es leído cada sábado.[41]

Este último hecho es dado por Santiago como una razón para el comportamiento correcto que debían tener los hermanos hacia los gentiles. "Moisés siempre ha tenido en cada ciudad quien lo predique y lo lea en las sinagogas todos los sábados". De esto se desprende que la antigua costumbre del culto divino, en el día de reposo, no sólo fue preservada por el pueblo judío y llevada por ellos a cada ciudad a los gentiles, sino también que los cristianos gentiles asistieron a estas reuniones. De lo contrario, la razón mencionada por Santiago perdería toda su fuerza, pues no tendría aplicación en este caso. Que ellos asistían el sábado, como el día del culto divino en las iglesias gentiles, es un argumento muy poderoso.

Que el antiguo sábado del Señor no había sido abrogado, ni cambiado, antes de aquella reunión de los apóstoles, está fuertemente presentado en la naturaleza de la discusión de dicha asamblea. Y a la conclusión de la asamblea se consideró el sábado de la Biblia, aún como sagrado y entronizado dentro de los muros del cuarto mandamiento. Después de esto, en una visión de noche, Pablo fue llamado a visitar Macedonia. En obediencia a este llamado, fue a Filipos, que es la ciudad principal de aquella parte de Macedonia. Lucas registra la visita:

Y de allí a Filipos, que es la primera ciudad de la provincia de Macedonia, y una colonia. Estuvimos en aquella ciudad algunos días. Un sábado salimos fuera de la puerta, junto al río, donde solía hacerse la oración. Nos sentamos y hablamos a las mujeres que se habían reunido. Entonces una mujer llamada Lidia, vendedora de púrpura, de la ciudad de Tiatira, que adoraba a Dios, estaba oyendo. El Señor le abrió el corazón para que estuviera atenta a lo que Pablo decía.[42]

Esto no parece haber sido una reunión de judíos, sino de gentiles que, como Cornelio, eran adoradores del verdadero Dios. Así se ve que la iglesia de los Filipenses se originó con una piadosa asamblea de gentiles que guardaban el sábado. Y es probable que Lidia y los empleados en su negocio, que eran evidentemente observadores del sábado, eran el mecanismo para introducir el evangelio en la propia ciudad de Tiatira.

> *Pasando por Anfípolis y Apolonia llegaron a Tesalónica, donde había una sinagoga de los judíos. Pablo, como acostumbraba[43], fue a ellos, y por tres sábados discutió con ellos, declarando y exponiendo por medio de las Escrituras que era necesario que el Cristo padeciera y resucitara de los muertos. Y decía: «Jesús, a quien yo os anuncio, es el Cristo». Algunos de ellos creyeron y se juntaron con Pablo y con Silas; asimismo un gran número de griegos piadosos, y mujeres nobles no pocas.*[44]

Tal fue el origen de la iglesia de Tesalónica. Y desde sus comienzos queda claro que era una asamblea de guardadores del sábado. Porque, además de los pocos judíos que recibieron el evangelio por medio de las labores de Pablo, hubo una gran multitud de devotos griegos, es decir, de gentiles que se habían unido con los judíos en la adoración de Dios, en el día de reposo. En las siguientes palabras de Pablo, dirigida a ellos como una iglesia de Cristo, tenemos una fuerte prueba del hecho de que ellos siguieron observando el sábado después de recibir el evangelio:

> *Vosotros, hermanos, vinisteis a ser imitadores de las iglesias de Dios en Cristo Jesús que están en Judea, pues habéis padecido de los de vuestra propia nación las mismas cosas que ellas padecieron de los judíos.*[45]

Las iglesias en Judea, como hemos visto, eran observadores del sábado del Señor. Los primeros conversos de Tesalónica, antes de recibir el evangelio eran guardadores del sábado, y cuando se convirtieron en una iglesia cristiana, adoptaron el ejemplo de las iglesias en Judea. Y esta iglesia fue tomada como ejemplo de las iglesias de Macedonia y Acaya. A este grupo se incluyó las iglesias de Filipos y de Corinto. Así escribe Pablo:

Vosotros vinisteis a ser imitadores nuestros y del Señor, recibiendo la palabra en medio de gran tribulación, con el gozo que da el Espíritu Santo. De esta manera habéis sido ejemplo a todos los creyentes de Macedonia y de Acaya, porque partiendo de vosotros ha sido divulgada la palabra del Señor; y no solo en Macedonia y Acaya, sino que también en todo lugar vuestra fe en Dios se ha extendido, de modo que nosotros no tenemos necesidad de hablar nada.[46]

Después de estas cosas, Pablo vino a Corinto. Aquí, primero encontró Aquila y Priscilla.

Y, como era del mismo oficio, se quedó con ellos y trabajaban juntos, pues el oficio de ellos era hacer tiendas. Y discutía en la sinagoga todos los sábados, y persuadía a judíos y a griegos.[47]

También, en este lugar, Pablo encontró adorando a Dios, en el día de reposo, tanto a gentiles como a judíos. Los primeros miembros de la iglesia en Corinto fueron, por tanto, observadores del sábado desde el momento en que recibieron el evangelio y, como hemos visto, adoptaron como patrón la iglesia de Tesalónica que guardaba el sábado, que a su vez tomó el modelo de las iglesias de Judea.

Las primeras iglesias fueron fundadas en la tierra de Judea. Todos sus miembros estaban familiarizados con la Ley de Dios desde la infancia, y recordaban bien el precepto: "Acuérdate del día de reposo para santificarlo". Además de este precepto, todas estas iglesias tenían un recordatorio especial del sábado. Ellos sabían, por nuestro Señor mismo, que venía un tiempo cuando todos deberían huir rápidamente de aquella tierra. Y en vista de esto, debían orar para que el momento de su repentina fuga no fuera en sábado. Una instrucción que fue diseñada, como hemos visto, para preservar la santidad del sábado. Así que, que las iglesias en Judea estaban compuestas por miembros que guardaban el sábado, se admite sin duda alguna.

De las iglesias establecidas fuera de la tierra de Judea, cuyo origen se menciona en el libro de Hechos, casi todas comenzaron con los judíos convertidos. Estos eran guardadores del sábado cuando recibieron el evangelio. Entre estos, se injertaron los gentiles conversos. Y es digno de destacar que en un gran número de casos esos gentiles son llamados "devotos griegos", "prosélitos religiosos", personas que "adoraban a Dios", que temían a Dios y que "oraban a Dios siempre"[48]. Estos gentiles, en el momento de su conversión al evangelio, como hemos visto, adoraban a Dios durante el sábado, tal con el pueblo judío. Cuando Santiago envió su amable carta a los apóstoles que trabajaban con los gentiles conversos, les dio una razón para aceptar su adopción, cuyo énfasis se entiende mejor ahora: "desde tiempos antiguos Moisés siempre ha tenido en CADA CIUDAD quien lo predique y lo lea en las sinagogas todos los sábados". El carácter sabático de las iglesias apostólicas se muestra así claramente.

En una carta dirigida a los corintios, unos cinco años después de haber recibido el evangelio, Pablo podría haber contribuido con un quinto pilar para el "templo del primer día". Él escribió así:

> *En cuanto a la ofrenda para los santos, haced vosotros también de la manera que ordené en las iglesias de Galacia. Cada primer día de la semana cada uno de vosotros ponga aparte algo, según haya prosperado, guardándolo, para que cuando yo llegue no se recojan entonces ofrendas.*[49]

De este texto se argumenta con respecto del "sábado" del primer día: (1) que se trataba de una colecta pública; (2) que, por lo tanto, el primer día de la semana fue el día del culto público en las iglesias de Corinto y Galacia; (3) por lo tanto, que el sábado había sido cambiado a ese día. Así, el cambio del sábado se infiere de las asambleas públicas para el culto divino en el primer día en Corinto y Galacia, y de la existencia de estas asambleas, en ese día, se deduce de las palabras de Pablo: "El primer día de la semana, cada uno de ustedes aparte y guarde algún dinero conforme a sus ingresos".

Entonces, ¿que ordenan estas palabras? Se puede dar una respuesta: ordenan precisamente lo contrario de una colecta pública. Cada uno debe dar un poco de lo que tiene, en cada primer día de la semana, de acuerdo a como Dios le ha prosperado, para que cuando Pablo llegue, ellos tengan una cantidad de dinero preparada.[50]

Es cierto que un eminente escritor a favor del primer día, Justin Edwards (Doctor en Divinidad) en un laborioso esfuerzo para probar el cambio del sábado al domingo, presenta este texto para mostrar que el domingo era el día del culto religioso con la iglesia primitiva. Y dice así:

"NO había que guardar el dinero EN CASA, porque eso no interrumpiría las reuniones, cuando Pablo volviera".[51]

Tal es su lenguaje que utiliza el teólogo con la difícil tarea de probar el cambio del sábado, a través de la autoridad de las Escrituras. Pero en su libro "Notas sobre el Nuevo Testamento", en las que se siente en libertad de decir la verdad, contradice firmemente su propio lenguaje ya citado. Así comenta este texto:

Ponga aparte algo, EN CASA. Pero no en las reuniones; que sus dones estén listos cuando el apóstol venga.[52]

Así, incluso el Dr. Edwards confiesa que la idea de una recolección pública no se encuentra en ese texto. Por el contrario, parece que cada individuo, en obediencia a este precepto, al inicio de cada semana, en su propia casa debía apartar algo para la causa de Dios, según sus propias capacidades le permitieran. El cambio del sábado, como lo demuestra este texto, descansa totalmente en una idea que el mismo Dr. Edwards confiesa que realmente no se encuentra en ella.

Hemos visto que la iglesia de Corinto era una iglesia que guardaba el sábado.

Es evidente que el cambio del sábado nunca podría haber sido sugerido por este texto. Esta es la única mención de Pablo acerca del primer día de la semana. Fue escrito casi treinta años después del supuesto cambio del sábado. Sin embargo, Pablo omite todos los títulos de su supuesta santidad, simplemente lo llama "el primer día de la semana", un nombre como cualquiera de los "seis días hábiles"[53]. También es digno de notar que este es el único precepto en la Biblia en el cual el primer día es nombrado, y que este precepto no dice nada relativo a lo sagrado del día que podría ser, incluso la obligación menciona Pablo en él, parece ser más apropiada para un día secular que para un día sagrado.

Poco después de escribir su primera epístola a los Corintios, Pablo visitó Troas. En el registro de esta visita ocurre la última mención del primer día de la semana en el Nuevo Testamento:

Y nosotros, pasados los días de los Panes sin levadura, zarpamos de Filipos y en cinco días nos reunimos con ellos en Troas[54], donde nos quedamos siete días. El primer día de la semana, reunidos los discípulos para partir el pan, Pablo que tenía que salir al día siguiente, les enseñaba, y alargó el discurso hasta la medianoche. Había muchas lámparas en el aposento alto donde se hallaban reunidos. Un joven llamado Eutico estaba sentado en la ventana, y rendido de un sueño profundo por cuanto Pablo disertaba largamente, vencido del sueño cayó del tercer piso abajo, y fue levantado muerto. Entonces descendió Pablo y se echó sobre él, y abrazándolo, dijo: No os alarméis, pues está vivo. Después de haber subido, partió el pan, lo comió y siguió hablando hasta el alba; y luego se fue. Llevaron vivo al joven, y fueron grandemente consolados. Nosotros, adelantándonos a embarcarnos, navegamos a Asón para recoger allí a Pablo, ya que así lo había determinado, queriendo él ir por tierra.[55]

Este texto se utiliza para proporcionar un sexto pilar para el templo del primer día. El argumento puede ser expresado de la siguiente forma: "este testimonio muestra que el primer día de la semana fue utilizado en las reuniones por la iglesia apostólica, para el partimiento del pan, en honor de la resurrección de Cristo en ese día, de lo cual es razonable concluir que este día se ha convertido en el sábado cristiano".

Si tal proposición se pudiera establecer como una verdad indudable, aun así el cambio del sábado no es conclusivo; sino que viene a ser una conjetura que se desprende de esos versículos. Los siguientes hechos nos ayudarán a juzgar la veracidad de este argumento para el cambio del sábado.

1. Esta es la única reunión religiosa, en el primer día de la semana, que es mencionada en el Nuevo Testamento.
2. No se puede insistir en la expresión "cuando los discípulos se reunieron", como prueba de que las reuniones de "partimiento del pan" se llevaban a cabo cada primer día de la semana, porque no está la palabra "cuando" en el texto original. La frase entera que se traduce de sólo tres palabras, el participio perfecto pasivo 'sunegmenon', "reunir", y 'ton matheton', "los discípulos". El escritor sagrado simplemente declara que se celebró una reunión de los discípulos en esa ocasión[56].
3. La ordenanza de partir el pan no fue establecida para conmemorar la resurrección de Cristo, sino para guardar en memoria su muerte en la cruz[57]. El acto de partir el pan, por lo tanto, en el primer día de la semana, no es una conmemoración de la resurrección de Cristo.
4. Como el partir el pan conmemora la crucifixión de nuestro Señor y se instituyó en la noche previa al día de la crucifixión, en la cual el mismo Jesús y todos los apóstoles estuvieron presentes[58], es evidente que el día de la crucifixión presenta mayores razones para su celebración de esta ordenanza, que el día de la resurrección.
5. Pero como nuestro Señor no designó un día para esta práctica, y como en la iglesia apostólica en Jerusalén se menciona su

celebración diariamente[59], es evidentemente que el argumento sobre el cambio del sábado, de un solo caso de su celebración en el primer día de la semana, es solo una presunción.

6. En este caso, de partir el pan en el primer día, fue una referencia evidente a la partida inmediata y definitiva de Pablo.

7. Es un hecho notable que el único caso registrado de una reunión religiosa celebrada en el primer día en el Nuevo Testamento, fue una reunión nocturna. Esto se demuestra por el hecho de que muchas luces estaban ardiendo en esa asamblea, y que Pablo predicó hasta la medianoche.

8. Y de este hecho se desprende la importante observación de que esta reunión, en realidad, fue un primer día de la semana de acuerdo a la medición judía, es decir, fue un sábado por la noche[60]. Porque los días de la semana son contados desde la tarde a la siguiente tarde, y la tarde es la puesta del sol[61]; se ve que el primer día de la semana comienza el sábado por la noche al atardecer y termina al atardecer del domingo. Una reunión nocturna, por lo tanto, en el primer día de la semana podría ser sólo el sábado por la noche.

9. Por lo tanto, Pablo predicó hasta la medianoche del sábado -porque los discípulos celebraron una reunión nocturna al final del sábado, porque él debía partir por la mañana- luego de ser interrumpido por la caída del joven, bajó y lo sanó, entonces subió y atendió el partimiento del pan. Al romper el día, el domingo por la mañana, se fue.

10. Así pues, estamos provistos de pruebas concluyentes de que Pablo y sus compañeros reanudaron su viaje hacia Jerusalén en la mañana del primer día de la semana. Fueron en barco a Assos, y él estaba contento de ir a pie. Este hecho es una prueba incidental de la consideración de Pablo hacia el sábado, ya que esperó hasta que el día terminara antes de reanudar su viaje, y es una prueba sólida de que él no sabía nada de lo que en los tiempos modernos se llama el "sábado cristiano".

11. Esta narración fue escrita por Lucas, al menos treinta años después del supuesto cambio del Sábado. Es digno de notar que Lucas omite todos los títulos de lo sagrado, designando simplemente el día en cuestión como "el primer día de la semana". Esto es admirablemente coherente con el hecho de que en su evangelio, al registrar el evento mismo que se dice que cambió el sábado, no sólo omite el menor indicio de este cambio, sino que designa al día un título secular de "primer día de la semana", y al mismo tiempo designa el día anterior como el sábado de acuerdo con el mandamiento[62].

El mismo año que Pablo visitó Troas, escribió lo siguiente a la iglesia de Roma:

Recibid al débil en la fe, pero no para contender sobre opiniones. Uno cree que se ha de comer de todo; otro, que es débil, solo come legumbres. El que come de todo no menosprecie al que no come, y el que no come no juzgue al que come, porque Dios lo ha recibido. ¿Tú quién eres, que juzgas al criado ajeno? Para su propio Señor está en pie, o cae; pero estará firme, porque poderoso es el Señor para hacerlo estar firme. Uno hace diferencia entre día y día, mientras que otro juzga iguales todos los días. Cada uno esté plenamente convencido de lo que piensa. El que distingue un día de otro, lo hace para el Señor; y el que no distingue el día, para el Señor no lo hace. El que come, para el Señor come, porque da gracias a Dios; y el que no come, para el Señor no come, y también da gracias a Dios.[63]

Estas palabras a menudo han sido citadas para demostrar que la observancia del cuarto mandamiento es ahora una cuestión sin importancia, y que cada individuo está en libertad de hacer lo que quiera, con respecto a este este asunto. Una doctrina tan extraordinaria debe ser probada a fondo antes de ser adoptada. Porque Dios quiso establecer el sábado antes de la caída del hombre, y darle un lugar en medio de Su Ley de diez mandamientos, haciéndolo así parte de esa ley vinculada a la gran redención y, como el Señor Jesús pasó mucho tiempo durante su ministerio explicando el misericordioso designio del sábado, y tuvo cuidado de recomendar que no se profanara en la huida de su pueblo de la tierra de Judea (que sería diez años en el futuro cuando estas palabras fueron escritas por Pablo) y, como el cuarto mandamiento mismo es expresamente reconocido después de la crucifixión de Cristo, si en estas circunstancias pudiéramos suponer que es coherente con la verdad de que el Altísimo quiso abrogar el sábado, ciertamente debemos esperar que su incorporación sea expresada en un lenguaje así de explícito. Sin embargo, ni el sábado ni el cuarto mandamiento son nombrados aquí. Que no se mencionaran en el argumento de Pablo, se da por las siguientes razones:

1. Tal punto de vista haría que la observancia de uno de los diez mandamientos fuese una cuestión indiferente, mientras que Santiago muestra que violar uno de ellos es transgredir toda la ley[64].
2. Esto es directamente contrario a lo que Pablo había escrito anteriormente en esta epístola, porque al referirse a la ley de los diez mandamientos, él la considera santa, espiritual, justa y buena. Y declara que el pecado (la transgresión de la ley) por el mandamiento se convierte en algo "excesivamente pecaminoso"[65].
3. Porque Pablo, en la misma epístola, afirma la perpetuidad de esa ley que hizo que nuestro Señor diera su vida por los pecadores[66]: que como se demostró anteriormente, eran los diez mandamientos.
4. Debido a que Pablo, en este caso no nombró el sábado ni el cuarto mandamiento, se debe ciertamente a que no estaba hablando de la ley moral.
5. Porque el asunto en cuestión es sobre comer todo tipo de comida o de abstenerse de ciertas cosas.
6. Porque el cuarto mandamiento no estuvo asociado a los reglamentos de ese tipo, sino con leyes exclusivamente morales[67].

7. Porque en la ley ceremonial, asociada con los preceptos relativos a las carnes, había un gran número de fiestas, totalmente distintas al sábado de Jehová[68].
8. Porque la iglesia de Roma, que comenzó probablemente con los judíos que vivían en Roma en el día de Pentecostés, tenía muchos miembros judíos en su congregación, como puede ser entendido de la misma epístola[69] y, por lo tanto, estarían profundamente interesados en la decisión de esta cuestión relativa a la ley ceremonial. Los miembros judíos son meticulosos al observar sus diferencias, pero los miembros gentiles no son tan meticulosos. De ahí el admirable consejo de Pablo que resuelve ambos asuntos.
9. Tampoco se puede afirmar que la expresión "todos los días" incluya al sábado del Señor. Estando el sábado ya formalmente encomendado a los hebreos, se utilizó esa expresión para referirse únicamente a los seis días laborables. Así se decía: "El pueblo deberá salir TODOS LOS DÍAS a recoger su ración diaria"[70]. Y la narración dice: "TODAS las mañanas cada uno recogía la cantidad que necesitaba"[71]. Sin embargo, cuando algunos de ellos salieron a recoger maná en el día de reposo, Dios dice: "¿Hasta cuándo seguirán desobedeciendo mis leyes y mandamientos?"[72] Para Pablo es claro que el sábado es una gran verdad, claramente declarada y muchas veces repetida, cuando usa la expresión "todos los días", hablando de los seis días hábiles, mostrando que hay una distinción precisa en lo que respecta a las carnes. Hace una clara separación de aquel día que desde el principio Dios se había reservado para sí mismo. Así como cuando Pablo cita y aplica a Jesús las palabras de David "todas las cosas se someten a él", añade: "es claro que no se incluye a Dios mismo, quien todo lo sometió a Cristo"[73].
10. Y finalmente, en las palabras de Juan, "Yo estaba en el Espíritu en el día del Señor", escrito muchos años después de esta epístola de Pablo, tenemos una prueba absoluta de que, en la dispensación del evangelio, aun había un día que Dios reclamaba como suyo propio.[74]

Aproximadamente diez años después de que se escribiera esta epístola, se produjo la huida de todo el pueblo de Dios que estaba en la tierra de Judea. No era en el invierno, porque ocurrió justo después de la fiesta de los tabernáculos, en algún momento de octubre. Y no fue en el día de reposo porque, para Josefo, que habla de la repentina retirada del ejército romano al rodear la ciudad, la cual era la señal de huida que nuestro Señor prometió a su pueblo, nos dice que los judíos salieron corriendo de la ciudad, detrás de los Romanos en retirada. El historiador no insinúa que los judíos persiguieran así a los romanos en el día de reposo, aunque observa cuidadosamente el hecho de que unos días antes de este suceso, en su furia, olvidaron completamente el día de reposo y se apresuraron a pelear contra los romanos en ese día. Estas circunstancias providenciales en la huida de los discípulos, dependían de que ellos pidieran a Dios tal intervención, y muestra que los discípulos no olvidaron la oración que el Salvador les encomendó en relación a este acontecimiento. Como consecuencia, el sábado de Jehová no fue olvidado por ellos. Y así, el Señor Jesús, en su tierno cuidado por su pueblo y en su vigilante atención hacia el sábado, demostró que era el Señor de su pueblo y el Señor del sábado[75].

Veintiséis años después de la destrucción de Jerusalén, el libro de Apocalipsis fue confiado al discípulo amado. Tiene la siguiente cita, profundamente interesante en cuanto al lugar y al tiempo:

Yo, Juan, vuestro hermano y compañero en la tribulación, en el reino y en la perseverancia de Jesucristo, estaba en la isla llamada Patmos, por causa de la palabra de Dios y del testimonio de Jesucristo. Estando yo en el Espíritu en el día del Señor oí detrás de mí una gran voz, como de trompeta, que decía: "Yo soy el Alfa y la Omega, el primero y el último. Escribe en un libro lo que ves y envíalo a las siete iglesias que están en Asia: a Éfeso, Esmirna, Pérgamo, Tiatira, Sardis, Filadelfia y Laodicea".[76]

Este libro está fechado en la isla de Patmos, y en el día del Señor. El lugar, el día y el individuo tienen cada uno una existencia real, y no meramente simbólica o mística. Así Juan, casi al final del primer siglo, y mucho después de que se escribieran esos textos, que ahora se aducen para demostrar que no hay diferencia entre los días, demuestra que el día del Señor tiene una existencia real, como la isla de Patmos, o como el propio discípulo amado.

¿Qué día, entonces, se pretende definir con ese título sagrado?

Varias respuestas han sido propuestas a esta pregunta: (1) es la dispensación del evangelio; (2) es el día del juicio; (3) es el primer día de la semana; (4) es el Sábado del Señor.

La primera respuesta no puede ser la verdadera, porque no sólo hace que el día sea un término místico, sino que implica algo absurdo, dado que Juan está escribiendo a los cristianos sesenta y cinco años después de la muerte de Cristo, y la visión que acababa de tener ya se encuentra en la dispensación del evangelio.

Tampoco se puede admitir la segunda respuesta como verdadera. Porque, si bien es cierto que Juan puede tener una visión con respecto al día del juicio, es imposible que él tenga una visión en ese día cuando aún era futuro. Es más bien absurdo imaginar a Juan fechando su visión en la isla de Patmos, en la dispensación del evangelio, y además se le hace decir que estaba en visión, en Patmos, en el día del Juicio.

El tercer punto, que el día del Señor es el primer día de la semana, ahora es casi universalmente recibida como la verdad. El texto que se examina es presentado con aire de triunfo, como el gran argumento para hablar de la santidad del primer día, probando sin lugar a dudas que ese día es ciertamente el sábado cristiano. Sin embargo, hemos examinado ese "templo" con un cuidado particular, y hemos descubierto que el fundamento sobre el que descansa es sólo un asunto de la imaginación, y que los pilares en los que se apoya sólo existen en las mentes de los que adoran en esa capilla. Queda por ver si la cúpula, que se supone debe ser proporcionada por este texto, es más real que los pilares sobre los que descansa.

Los siguientes hechos muestran que el primer día de la semana no tiene derecho al título de "día del Señor":

1. Como este texto no define el término "día del Señor", debemos buscar en otra parte de la Biblia las pruebas que demuestren que el primer día tendría derecho a tal designio.
2. Mateo, Marcos, Lucas y Pablo, los otros escritores sagrados que mencionan el día, no usan otra designación para él, que "el primer día de la semana", un nombre al que tiene derecho tal como los otros seis días hábiles. Sin embargo, tres de estos escritores lo mencionan en el mismo momento en que algunos aseguran que se ha convertido en el día del Señor, y dos de ellos lo mencionan también unos treinta años después de ese acontecimiento.
3. Si bien se afirma que el Espíritu Santo, simplemente motiva a Juan a usar el término "día del Señor", pero que de ninguna manera conectó el primer día de la semana con él, es un hecho notable que después de que Juan volvió de la isla de Patmos escribió recién su evangelio[77]; y en ese evangelio él mencionó dos veces el primer día de la semana. Sin embargo, en cada uno de estos casos, en los que es seguro de que se trata del primer día, no se usa otra designación más que el de "primer día de la semana". Esta es una prueba muy convincente de que Juan no consideraba que el primer día de la semana tuviera derecho a este nombre, o a cualquier otro que lo hiciera sagrado.
4. Lo que hace más claro el asunto en contra del primer día de la semana es el hecho de que ni el Padre ni el Hijo han reclamado el primer día en un sentido superior al que tienen cada uno de los seis días dados al hombre para trabajar.
5. Y lo que completa la cadena de evidencias en contra la reivindicación del primer día como santo, es el hecho de que el argumento que utilizan los defensores del primer día para demostrar que ha sido adoptado por el Altísimo, en lugar del sábado, es que no hay evidencia de que Dios haya querido llamar al primer día como Suyo. Así dejamos de lado la tercera posible respuesta, ya que tampoco

está de acuerdo con la verdad. El primer día de la semana puede ser desechado con propiedad, ya que no tiene derecho a nuestra consideración como una institución bíblica[78].

Que el día del Señor es el Sábado de la Biblia, admite pruebas claras y ciertas. El argumento es así: cuando Dios dio al hombre seis días de la semana para trabajar, se reservó expresamente el séptimo, en el cual puso su bendición en memoria de su propio acto de descansar ese día, y de allí adelante a través de la Biblia, lo ha reclamado como Su día santo. Como nunca se le ha quitado su santidad, ni se ha escogido otro, el sábado del Señor sigue siendo su día santo. Estos hechos pueden ser rastreados en los siguientes textos. Al final del reposo del Creador, se dice:

Entonces bendijo Dios el séptimo día y lo santificó, porque en él reposó de toda la obra que había hecho en la creación.[79]

Después que los hijos de Israel llegaron al desierto de Sin, al sexto día Moisés les dijo:

Esto es lo que ha dicho Jehová: "Mañana es sábado, el día de reposo consagrado a Jehová; lo que tengáis que cocer, cocedlo hoy, y lo que tengáis que cocinar, cocinadlo; y todo lo que os sobre, guardadlo para mañana".[80]

Al dar los diez mandamientos, el Dador de la Ley declaró así su pretensión con respecto a ese día:

Acuérdate del sábado para santificarlo. Seis días trabajarás y harás toda tu obra, pero el séptimo día es de reposo para Jehová, tu Dios; no hagas en él obra alguna, tú, ni tu hijo, ni tu hija, ni tu siervo, ni tu criada, ni tu bestia, ni el extranjero que está dentro de tus puertas, porque en seis días hizo Jehová los cielos y la tierra, el mar, y todas las cosas que en ellos hay, y reposó en el séptimo día; por tanto, Jehová bendijo el sábado y lo santificó.[81]

Él da al hombre los seis días en que él mismo había trabajado, y se reserva como suyo el día en que había descansado de toda su obra. Cerca de ochocientos años después de esto, Dios habló por Isaías de la siguiente manera:

Si retraes del sábado tu pie, de hacer tu voluntad en mi día santo, y lo llamas "delicia", "santo", "glorioso de Jehová", y lo veneras, no andando en tus propios caminos ni buscando tu voluntad ni hablando tus propias palabras, entonces te deleitarás en Jehová. Yo te haré subir sobre las alturas de la tierra y te daré a comer la heredad de tu padre Jacob. La boca de Jehová lo ha hablado.[82]

Este testimonio es perfectamente explícito. El día del Señor es el antiguo sábado de la Biblia. El Señor Jesús formula la siguiente afirmación:

El sábado fue hecho por causa del hombre, y no el hombre por causa del sábado. Por tanto, el Hijo del hombre es Señor aun del sábado.[83]

Así, ya sea el Padre o el Hijo cuyo título está involucrado, el único día que se puede llamar "el día del Señor" es el sábado del gran Creador[84]. Y aquí, al final de la historia bíblica del sábado, se presentan dos hechos de profundo interés:

1. Que Juan reconoce expresamente la existencia del día del Señor al final del primer siglo.

2. Que agradó al Señor del Sábado poner una señal de honor en su propio día, ya que lo seleccionó como aquel en que le daría la revelación a Juan, y que sólo Juan había sido digno de recibir del Padre.

NOTAS

1 Ver el capítulo 3.
2 Mateo 5:17-19.
3 Efesios 2:13-16; Colosenses 2:14-17.

El Sábado Durante el Ministerio de los Apóstoles

4   Mateo 28:19,20; Marcos 16:15.
5   Daniel 9:24-27; Hechos 9; 10; 11; 26:12-17; Romanos 11:13.
6   1ª Corintios 11:25; Jeremías 31:31-34; Hebreos 8:8,12; Daniel 9:27; Efesios 2:11-22.
7   Mateo 5:17-19; 1ª Juan 3:4,5; Romanos 4:15.
8   Hebreos 9:1-7; Éxodo 25:1-21; Deuteronomio 10:4,5; 1ª Reyes 8:9.
9   Hebreos capítulos 7 al 10; Levíticos 16.
10 Hebreos 8:1-5; 9:23,24.
11 Apocalipsis 11:19.
12 Éxodo 25:21,22.
13 Romanos 3:19-31; 5:8-21; 8:3,4; 13;8-10; Gálatas 3:13,14; Efesios 6:2,3; Santiago 2:8-12; 1ª Juan 3:4,5.
14 Éxodo 19; 20; 24:12; 31:18; Deuteronomio 10.
15 Levíticos 16.
16 Romanos 3:19-31; 1ª Juan 3:4,5;
17 Salmo 40:6-8; Hebreos 10.
18 Hebreos 9:10.
19 Jeremías 31:33; Romanos 8:3,4; 2ª Corintios 3:3.
20 Salmo 19:7; Santiago 1:25; Salmo 40.
21 Romanos 5.
22 Romanos 3:19
23 Romanos 3:31
24 Romanos 3:20; 1ª Juan 3:4,5; 2:1,2.
25 Jeremías 11:16; Romanos 11:17-24.
26 Romanos 4:16-18; Gálatas 3:7-9.
27 Éxodo 19:5,6; 1ª Pedro 2:9,10.
28 Génesis 11:1-9; Hechos 2:1-11.
29 Romanos 7:12,13.
30 Santiago 2:8-12.
31 Ver capítulo 10.
32 Hechos 13:14.
33 Hechos 13:27.
34 El Dr. Bloomfield tiene la siguiente nota sobre este texto: "Se supone que las palabras 'eis to metaxn sabb' significan 'en algún día intermedio de la semana'. Pero eso es refutado por el versículo 44, y el sentido expresado en nuestra versión común de la Biblia es, sin duda, el verdadero. Esto es adoptado por los mejores comentaristas recientes y confirmado por las versiones antiguas". Testamento griego con notas inglesas, volumen I. pág. 521. El profesor Hacket tiene una nota similar en Comentario sobre Hechos, p. 233.
35 Hechos 13:42-44
36 Hechos 15.
37 Hechos 15:10,28,29; Santiago 2:8-12.
38 Hechos 15:1,5.
39 Éxodo 34:15,16; Números 25:2; Levíticos 17:13,14; Génesis 9:4; Levíticos 3:17; Génesis 34; Levíticos 19:29.
40 Hechos 15:29; 21:25.
41 Hechos 15:19-21.

42 Hechos 16:12-14.
43 La costumbre de Pablo se ejemplifica con los siguientes textos, en todos los cuales muestra que las reuniones en cuestión fueron en sábado: Hechos 13: 5; 14: 1; 17: 10,17; 18:19; 19: 8.
44 Hechos 17:1-4.
45 1 Tesalonicenses 2:14.
46 1 Tesalonicenses 1:6-8.
47 Hechos 18:3,4.
48 Hechos 10:2,4,7, 30-35; 13:43; 14:1; 16:13-15; 17:4,10-12.
49 1 Corintios 16:1,2.
50 Nota de los traductores: en el inglés, la expresión "cada uno de vosotros" de la Reina-Valera 1995, fue antiguamente traducida del latín como "en su propia casa". Así, el autor de este libro dedica algunos párrafos para explicar este asunto. Los traductores han decidido sacar dichos párrafos para no confundir al lector de habla hispana. Sin embargo, los textos pueden ser revisados a continuación:

El Sr. J. W. Morton, misionero presbiteriano en Haití, da el siguiente testimonio: "Toda la pregunta gira en torno al significado de la expresión "por él", y me maravillo muchísimo de cómo se puede imaginar el significado de "la caja de recolección de la congregación". Greenfield, en su Léxico, traduce el término griego, "Con uno mismo, es decir, en casa". Dos versiones latinas, la Vulgata y la de Castellio, dice que es "apud se": "uno mismo, es decir, en casa". Tres traducciones francesas, las de Martin, Osterwald y De Sacy, "chez soi": en su propia casa; en casa. El alemán de Lutero, 'bei sich selbst', significa: en casa. Los holandeses, «hemselven», igual que el alemán. El italiano de Diodati, `appresso di se', en su propia presencia; en casa. El español de Felipe Scio, `en su casa', en su propia casa. El portugués de Ferreira, `para isso': consigo mismo. El sueco, `noer sig self': cerca de sí mismo. Vindication of the True Sabbath, Editorial Battle Creek, pp. 51, 52.

El Dr. Bloomfield comenta así el original: 'par eanto', "por él". Francés, 'chez lui', "en casa". La Biblia de Douay dice: "Que cada uno de ustedes se aparte con sí mismo". El señor Sawyer traduce así: "Que cada uno de ustedes se deje aparte por sí mismo". La versión latina de Theodore Beza tiene 'Apud se', es decir, "en casa". El siriaco dice así: "Dejen que todos ustedes se aparten y conserven en su casa". Nuevo Testamento en griego con notas en inglés, volumen II, pág. 173.
51 Sabbath Manual of the American Tract Society, pág. 116.
52 Family Testament of the American Tract Society.
53 Ezequiel 46:1.
54 El Prof. Hacket comenta sobre la duración de este viaje: "El pasaje en el primer viaje del apóstol a Europa ocupaba solo dos días; véase el capítulo 16:11. Los vientos adversos (o muy pocos) serían responsables, en cualquier época del año, de ocasionar una variación". Comentario sobre Hechos, p. 329. Esto muestra cuán poco terreno hay para afirmar que Pablo transgredió el sábado en este viaje. Había tiempo suficiente para llegar a Troas antes del sábado cuando partió de Filipos, si por otras causas no hubieran sido obstaculizadas.
55 Hechos 20:6-13.
56 El profesor Whiting interpreta así la frase: "Los discípulos se están reuniendo". Y Sawyer dice: "Estamos siendo reunidos".

El Sábado Durante el Ministerio de los Apóstoles

57 1ª Corintios 11:23-26.
58 Mateo 26.
59 Hechos 2:42-46.
60 Este hecho ha sido reconocido por muchos comentaristas del primer día. Así, el profesor Hacket comenta sobre este texto: "Los judíos contaban el día desde la tarde hasta la mañana, y según ese principio, la tarde del primer día de la semana sería nuestro sábado por la tarde. Lucas lo consideró así, como suponen muchos comentaristas. Luego, el apóstol esperó la expiración del sábado judío y celebró su último servicio religioso con los hermanos en Troas, al comienzo del sábado cristiano, es decir, el sábado por la tarde, y en consecuencia reanudó su viaje el domingo por la mañana". Comentario sobre Hechos, pp.329,330. ¡Pero se esfuerza por proteger el sábado del primer día, y sugiere que Lucas probablemente calculó el tiempo de acuerdo con el método pagano, más que por lo que está ordenado en las Escrituras! Kitto, al notar el hecho de que se trataba de una reunión vespertina, dice así: "De esta última circunstancia se deduce que la asamblea comenzó después de la puesta del sol en sábado, hora donde ya había comenzado el primer día de la semana, según el cálculo judío [Jahn's Bibl. Antiq., Sec. 398], que difícilmente estaría de acuerdo con la idea de una conmemoración de la resurrección". Enciclopedia de literatura bíblica, artículo, día del Señor. Y Prynne, cuyo testimonio relativo a la redención como argumento para el cambio del sábado ya ha sido citado, establece así este punto: "Porque el texto dice que había muchas luces en el aposento alto donde estaban reunidos, y que Pablo predicó desde el inicio de la reunión hasta la medianoche... esta reunión con los discípulos en Troas, y la predicación de Pablo a ellos, comenzó en la tarde. La única duda será sobre en qué noche fue esto... Por mi parte, concibo claramente que fue el sábado por la noche, como lo llamamos falsamente, y no el siguiente domingo por la noche... Porque San Lucas registra que fue en el primer día de la semana cuando esta reunión se llevo a cabo... por lo tanto, debe ser necesario estar en el sábado, no en nuestra tarde del domingo, ya que el domingo por la noche (para San Lucas y todas las Escrituras) no sería parte del primer día, sino del segundo día, ya que el día comienza y termina en la noche". Prynne nota que la objeción de la frase "listo para partir el día siguiente" indica que esta partida no fue el mismo día de la semana de su reunión nocturna. La esencia de su respuesta es la siguiente: si se tiene en cuenta que los días de la semana se cuentan desde la noche hasta la mañana, los siguientes textos mostrarán que hablar de otro día de la semana no necesariamente es un buen argumento en este asunto: 1ª Samuel 19:11; Ester 2:14; Sofonías 3:3; Hechos 23:31,32. Disertación en el Día Sábado del Señor, pp.36-41, 1633.
61 Ver la conclusión del capítulo 8.
62 Lucas 23:56; 24:1.
63 Romanos 14:1-6.
64 Santiago 2:8-12.
65 Romanos 7:12,13; 1a Juan 3:4,5.
66 Romanos 3.
67 Éxodo 20.

68 Levíticos 23. Estos se enumeran particularmente en Colosenses 2, como ya lo hemos notado en el capítulo 7, y en la parte final del capítulo 10.
69 Hechos 2:1-11; Romanos 2:17; 4:1; 7:1.
70 Éxodo 16:4.
71 Éxodo 16:21.
72 Éxodo 16:28.
73 1 Corintios 15:27.
74 A menudo se cita Gálatas 4:10 para señalar que Pablo consideraba la observancia del sábado como peligrosa, a pesar de que los mismos individuos afirman que Romanos 14 prueba que es una cuestión completamente indiferente. Ellos no ven que esto hace que Pablo se contradiga a sí mismo. Pero si se lee del versículo 8 al versículo 11, se verá que los gálatas antes de su conversión no eran judíos, sino paganos. Y que dichos días, meses, tiempos y años, no eran los de la ley levítica, sino los que los gálatas habían guardado con reverencia supersticiosa mientras eran paganos. Observe el énfasis que Pablo atribuye a la palabra "otra vez", en el versículo 9. Y cuántos de los que profesan la religión de Cristo en el día de hoy consideran supersticiosamente ciertos días como días "afortunados" o "desafortunados"; tales nociones se derivan solo de influencias paganas.
75 Ver capítulo 10.
76 Apocalipsis 1:9-11.
77 El Dr. Bloomfield, aunque él mismo tiene una opinión diferente, habla así de las opiniones de otros sobre la fecha del evangelio de Juan: "Ha sido el sentimiento general, tanto de los investigadores antiguos como modernos, que fue publicado cerca del final del primer siglo". Testamento Griego con notas en inglés, volumen I. pág. 328. Morer dice que Juan "escribió su evangelio dos años más tarde que el Apocalipsis, y después de su regreso de Patmos, como San Agustín, San Jerónimo y Eusebio, afirman". Diálogos sobre el Día del Señor, págs. 53, 54. La Biblia por Párrafo de la London Religious Tract Society, en su prefacio al libro de Juan, dice así: "De acuerdo con el testimonio general de los escritores antiguos, Juan escribió su evangelio en Éfeso, hacia el año 97". En apoyo de la misma visión, vea también Religious Encyclopedia, Notas de Barnes (gospel), Bible Dictionary, Cottage Bible, Domestic Bible, Mine Explored, Union Bible Dictionary, Comprehensive Bible, Dr. Hales, Horne, Nevins, Olshausen, etc.
78 La Enciclopedia Británica, en su artículo sobre el sábado, se compromete a probar que la "observancia religiosa del primer día de la semana es de cita apostólica". Después de citar y comentar todos los pasajes que podrían ser utilizados para probar tal punto, hace el siguiente reconocimiento sincero: "Sin embargo, debe reconocerse que estos pasajes no son suficientes para probar la institución apostólica del día del Señor, o incluso la observación real de él". La ausencia de todos los testimonios en las Escrituras en relación con el cambio del Sábado es explicada por ciertos defensores de esa teoría, no por la franca admisión de que nunca fue cambiado por el Señor, sino por citar a Juan 21:25, asumiendo el cambio del sábado como una verdad indubitable, pero que quedó fuera de la Biblia por miedo a que el libro sea demasiado grande. Piensan, por lo tanto, que debemos ir a la historia eclesiástica para aprender sobre tal cambio; y que no deberíamos considerar que el cuarto mandamiento permanece en la Biblia, sino que fue revocado o cambiado;

El Sábado Durante el Ministerio de los Apóstoles

y reconocer que ese cambio debe mantenerse completamente fuera de la Biblia. Pero eso es reconocer que la observancia del primer día es una tradición que invalida el mandamiento de Dios.

79 Génesis 2:3.
80 Éxodo 16:23.
81 Éxodo 20:8-11.
82 Isaías 58:13,14.
83 Marcos 2:27,28.
84 Un buen defensor de la observancia sabática habla así en relación con el término "día del Señor" de Apocalipsis 1:10: "Si se refería a un día contemporaneo de Juan, el único día que contiene esta definición, ya sea en el Antiguo o Nuevo Testamento, es el sábado, el séptimo día de la semana" WB Taylor, en la obligación del sábado, p. 296.

APOSTASÍA TEMPRANA EN LA IGLESIA

En el libro de Hechos se encuentra la historia inspirada de la iglesia. Durante el período que abarca este libro, los apóstoles y sus compañeros de trabajo estuvieron en un escenario de constante acción y, bajo el cuidado de Cristo, las iglesias conservaron en gran medida su pureza de vida y doctrina. Así, estas iglesias apostólicas se presentan como los ejemplos apropiado para el tiempo venidero. Este libro conecta las narrativas de los cuatro evangelistas con las cartas apostólicas, y así abraza todo el Nuevo Testamento. Pero cuando nos alejamos del período comprendido por esta historia inspirada y sus respectivas iglesias que fueron fundadas y gobernadas por hombres inspirados, entramos en tiempos completamente diferentes. Por desgracia, hay gran verdad en el lenguaje severo de Gibbon:

El teólogo puede complacerse en la agradable tarea de comunicar la religión que descendió del cielo, vestida con su pureza original. Pero al historiador se le impone un deber más melancólico. Debe presentar la inevitable mezcla de error y corrupción que contrajo la religión a través de su larga estancia en la tierra, entre una raza débil y degenerada de seres.[1]

¿Qué dice el libro de los Hechos sobre el tiempo inmediatamente posterior al trabajo de Pablo? Al dirigirse a los ancianos de la iglesia de Éfeso, Pablo dijo:

Porque yo sé que después de mi partida entrarán en medio de vosotros lobos rapaces que no perdonarán al rebaño. Y de entre vosotros mismos se levantarán hombres que hablarán cosas perversas para arrastrar tras sí discípulos.[2]

De este testimonio se deduce que no estamos autorizados a recibir la enseñanza de ningún hombre simplemente porque vivió inmediatamente después de la edad apostólica, o incluso en los días de los apóstoles mismos. Los grandes lobos iban entrar en medio del pueblo de Dios, y de ellos mismos surgirían hombres que hablarían cosas perversas. Si se nos pregunta cómo se distinguen de los verdaderos siervos de Dios, esta es la respuesta adecuada: aquellos que hablaban y actuaban de acuerdo con las enseñanzas de los apóstoles, eran hombres de Dios. Aquellos que enseñaban de otra forma, eran de esa clase que hablaban cosas perversas para desviar discípulos tras ellos.

¿Qué dicen las cartas apostólicas en relación con esta apostasía? Para los tesalonicenses está escrito:

¡Nadie os engañe de ninguna manera!, pues no vendrá sin que antes venga la apostasía y se manifieste el hombre de pecado, el hijo de perdición, el cual se opone y se levanta contra todo lo que se llama Dios o es objeto de culto; tanto, que se sienta en el templo de Dios como Dios, haciéndose pasar por Dios... Ya está en acción el misterio de la iniquidad; solo que hay quien al presente lo detiene, hasta que él a su vez sea quitado de en medio. Y entonces se manifestará aquel impío, a quien el Señor matará con el espíritu de su boca y destruirá con el resplandor de su venida.[3]

A Timoteo, de la misma manera, se dice:

Que prediques la palabra; que instes a tiempo y fuera de tiempo; redarguye, reprende, exhorta con toda paciencia y doctrina. Porque vendrá tiempo cuando no sufrirán la sana doctrina, sino que teniendo comezón de oír, se amontonarán maestros conforme a sus propias concupiscencias, y apartarán de la verdad el oído y se volverán a las fábulas.4

Estos textos son explícitos en la predicción de una gran apostasía en la iglesia, y destacaban que la apostasía ya había comenzado. La iglesia romana, la mayor en apostasía, se enorgullece de su carácter apostólico. En el lenguaje de Pablo a los Tesalonicenses ya citado, ese gran cuerpo anticristiano puede, de hecho, datar su origen en los tiempos apostólicos, pero su carácter apostólico lo niega rotundamente. Y aquí se encuentra una notable ilustración del hecho de que lo malo no se vuelve bueno por las circunstancias accidentales de su origen. Por jemeplo, por datar su origen desde los días de los apóstoles. Todo, en su comienzo, está bien o mal. Si es correcto, puede ser reconocido por estar de acuerdo con el estándar divino. Si está equivocado en su origen, nunca puede dejar de estarlo. La gran falsedad de Satanás que llevó nuestra raza a la ruina, todavía no se ha convertido en verdad, aunque han transcurrido seis mil años desde que fue pronunciada. Piensen en esto, ustedes que adoran en el templo del venerable error. Cuando las fábulas de los hombres se pusieron en lugar de la verdad, Dios fue deshonrado. ¿Cómo Dios puede aceptar la obediencia parcial de ellos, si Él requiere una perfecta adoración de nuestra parte? Los que adoran a Dios deben adorarle en espíritu y en verdad. ¿Cuántas épocas deben pasar sobre las fábulas de los hombres, antes de que se conviertan en verdad divina? Las páginas de la historia eclesiástica presentan una amplia prueba de que estas predicciones del Nuevo Testamento, respecto a la gran apostasía en la iglesia, sucedieron realmente. El Sr. Dowling, en su Historia del Romanismo, tiene el siguiente testimonio:

Casi no hay nada que sorprenda más la mente del cuidadoso estudiante de la historia eclesiástica antigua que el período relativamente temprano en que muchas de las corrupciones del cristianismo, encarnadas en el sistema romano, tomaron su lugar. Sin embargo, no se debe suponer que cuando los primeros iniciadores de muchas de estas nociones y prácticas no bíblicas plantaron esos gérmenes de corrupción, anticiparon o incluso imaginaron que llegarían a convertirse en un vasto y horrible sistema de superstición y error, que es el papado... Cada una de las grandes corrupciones de las últimas edades se establecieron de una manera tan sutil que sería muy difícil decir que merecían una fuerte represión. La adoración de las imágenes, la invocación de los santos y la superstición de las reliquias, no eran más que expansiones de los sentimientos naturales de veneración y afecto acariciados por la memoria de los que habían padecido y habían muerto por la verdad.5

Robinson, autor de la "Historia del Bautismo", presenta el siguiente testimonio:

Hacia finales del siglo II, la mayoría de las iglesias asumieron una nueva forma, desapareció la sencillez inicial e, insensiblemente, cuando los viejos discípulos yacían en sus sepulcros, sus hijos se unieron con nuevos conversos, tanto judíos como gentiles, y le dieron una nueva forma a la causa.6

Un escritor, un poco más moderno, habló así del funcionamiento del "misterio de la iniquidad" en los primeros siglos de la iglesia cristiana:

Durante estos siglos, las principales corrupciones del papismo fueron introducidas desde el mismo principio, y sus semillas fueron tan eficazmente sembradas, y con tal naturalidad para producir esos frutos funestos, que aparecieron muy abundantemente en un período posterior. En el tiempo de Justino Mártir, a los cincuenta años de la era apostólica, la copa se mezcló con agua, y una parte de sus elementos se perdió en el vacío. En los tiempos de Tertuliano y Cipriano, el pan que al principio era enviado sólo a los enfermos, ahora se lo llevaba el pueblo a su casa y era guardado como un tesoro divino, y solo para su uso privado. También, en este tiempo, la santa cena fue dada a los niños de la edad más tierna, y fue denominado como el sacrificio del cuerpo de Cristo. La costumbre de orar por los muertos, en los estados de Tertuliano, era común en el siglo segundo, y se convirtió en la práctica universal de las siguientes edades, de modo que llegó en el siglo IV a ser considerado una especie de herejía negar la eficacia de ella. La invocación de los santos, el uso supersticioso de las imágenes, del signo de la cruz y el aceite consagrado se convirtieron en prácticas establecidas, y falsos milagros validaban su confianza, probando así su supuesta eficacia. Así, el misterio de la iniquidad, que ya funcionaba en el tiempo de los apóstoles, pronto después de su partida extendió sus corrupciones entre los maestros del cristianismo.7

Neander habla así de la introducción temprana del culto de las imágenes:

Y, sin embargo, tal vez las imágenes religiosas se hicieron su espacio en la vida doméstica en las iglesias, ya en el final del siglo tercero, y las paredes de las iglesias fueron pintadas de la misma manera.8

La apostasía temprana de la iglesia profesa es un hecho que descansa sobre la autoridad de la inspiración, pero igualmente sobre la de la historia eclesiástica. "El misterio de la iniquidad", dijo Pablo, "ya obra". Estamos limitados a maravillarnos de que una parte tan grande del pueblo de Dios se fuera tan pronto de la gracia de Dios, a otro evangelio.

¿Qué se dirá de aquellos que vivieron en aquel período de la historia de la iglesia, e incluso en tiempos posteriores? Pablo dijo que los hombres se levantarían en medio de los ancianos de la iglesia apostólica, que hablarían cosas perversas, y que los hombres apartarían sus oídos de la verdad y las convertirían en fábulas. ¿Son las tradiciones, de aquel período, de suficiente importancia como para anular la palabra de Dios? El sabio historiador de los papas, Archibald Bower, utiliza el siguiente lenguaje enfático:

Para evitar [que una simple tradición] sea impuesta, debemos tratar la tradición como haríamos con una persona mentirosa, a quien no le damos crédito, a menos que nos diga lo mismo una persona a la que le tenemos verdadera confianza... Las tradiciones falsas y mentirosas aparecieron desde la más temprana edad de la iglesia, y entró en ésta por hombres que, con una piadosa credulidad, se dejaron imponer.9

El Sr. Dowling tiene un testimonio similar:

"¡La Biblia, digo, sólo la Biblia, es la religión de los protestantes!" Para ningún protestante genuino tiene importancia cuan temprano se haya originado una doctrina, si ésta no se encuentra en la Biblia. Ellos aprendieron por si mismos del Nuevo Testamento que había errores en el tiempo de los apóstoles, y que sus plumas se empleaban frecuentemente en la lucha contra esos errores. Por lo tanto, si una doctrina se propone para su aceptación, él pregunta: ¿Se encuentra en la Palabra inspirada? ¿Fue enseñada por el Señor Jesucristo y sus apóstoles?... Más aún, agregaremos que aunque Cipriano, Jerónimo, Agustín o incluso los padres de una época anterior, como Tertuliano, Ignacio o Ireneo, pudieran demostrar claramente que tales doctrinas y dogmas del papado son bíblicos, de ninguna manera pueden ser admitidas. Aun, el protestante consistente simplemente preguntaría: ¿Dicha doctrina se encuentra en la Biblia? ¿Fue

enseñada por Cristo y sus apóstoles?... El que recibe una sola doctrina por la mera autoridad de la tradición, y que la llame por el nombre que quiera, al someterlo al criterio del protestante, pasa por la línea que separa el protestantismo del papado, y no puede darse ninguna razón válida por la cual se deba recibir tales doctrinas y ceremonias anteriores sobre la misma autoridad.[10]

El Dr. Cumming, de Londres, habla así de la autoridad de los padres de la iglesia primitiva:

Algunos de ellos se distinguían por su genio, otros por su elocuencia, otros por su piedad, pero demasiados por su fanatismo y superstición. El Dr. Delahogue (profesor del Colegio Católico Romano de Maynooth), según la autoridad de Eusebio, registra que los padres que eran realmente los más aptos para ser las luminarias de la época en que vivían, estaban demasiado ocupados preparando sus rebaños como para sacrificar su tiempo en la escritura y, por lo tanto, no tenemos el más pleno y justo registro de las opiniones de todos los padres de los siglos anteriores, sino sólo de los más ambiciosos de la distinción literaria y menos atentos a sus acusaciones. Los más devotos y piadosos de los padres estaban ocupados enseñando a sus rebaños. Los más vanos y ambiciosos ocuparon su tiempo en la preparación de los tratados y documentos. Si todos los padres que pasaron por esa época hubieran dejado un registro escrito de sus opiniones, podríamos haber tenido una representación justa de la teología de la iglesia de los padres. Pero como pocos lo han hecho (incluso muchos de sus escritos han sido destruido o perdidos), y éstos no eran los más devotos y espirituales, sostengo que es tan injusto juzgar la teología de los primeros siglos por los escritos de unos pocos padres, así como sería juzgar la teología del siglo XIX por los sermones del señor

Newman, los discursos del doctor Candlish o las diversas producciones del difunto Edward Irving.[11]

El Dr. Adam Clarke tiene el siguiente testimonio decisivo sobre el mismo tema:

Pero de estos podemos afirmar con seguridad que no hay una verdad en el credo más ortodoxo que no pueda ser probada por su autoridad, ni herejía que haya deshonrado a la iglesia romana que no pueda declararlos como sus cómplices. En puntos de doctrina, para mi, su autoridad es nada. Sólo la palabra de Dios posee mi credo. En varios asuntos puedo ir a los padres griegos y latinos de la iglesia para saber lo que ellos creyeron, y lo que creyeron las personas de sus respectivas comuniones. Pero después de todo esto, debo regresar a la palabra de Dios para saber lo que Él quiere que yo crea.[12]

En su vida, utiliza el siguiente y fuerte lenguaje:

Debemos tener en cuenta cómo citamos a los padres para probar las doctrinas del evangelio, porque quien los conoce mejor, sabe que en muchos de esos temas soplan calor y frío.[13]

Los siguientes testimonios explicarán, en parte, la naturaleza poco fiable de los padres. Así Efraín Pagitt testifica:

La iglesia de Roma, consciente de sus errores y corrupciones, tanto en la fe como en las costumbres, ha hecho repetidas veces reformas, sin embargo, su gran orgullo y su infinito provecho surgidos del purgatorio, de los perdones y cosas semejantes, han impedido todas esas reformas. Por lo tanto, para mantener su grandeza, errores y nuevos artículos de fe: (1) han corrompido a muchos de los antiguos padres, y reimprimiéndolos, les hacían hablar lo que ellos querían... (2) han escrito muchos libros en nombre de estos escritores antiguos, y han forjado muchos decretos, cánones y consejos, para darles un falso testimonio.[14]

Y William Reeves da testimonio del mismo hecho:

Que la iglesia de Roma ha tenido todas las oportunidades de tiempo, lugar y poder, para establecer el reino de las tinieblas y que, al acuñar, recortar y limpiar los registros primitivos para su propio bien, no se han fallado a sí mismos, es notoriamente evidente.[15]

Las tradiciones de la iglesia primitiva son consideradas por muchos tan confiables como el lenguaje de las Sagradas Escrituras. Un ejemplo tomado de la Biblia ilustrará el carácter de la tradición, y mostrará la cantidad de confianza que se puede colocar sobre ella:

Volviéndose Pedro, vio que los seguía el discípulo a quien amaba Jesús, el mismo que en la cena se había recostado al lado de él y le había dicho: "Señor, ¿quién es el que te ha de entregar?". Cuando Pedro lo vio, dijo a Jesús: Señor, ¿y qué de este? Jesús le dijo: Si quiero que él quede hasta que yo vuelva, ¿qué a ti? Sígueme tú. Se extendió entonces entre los hermanos el rumor de que aquel discípulo no moriría. Pero Jesús no le dijo que no moriría, sino: "Si quiero que él quede hasta que yo vuelva, ¿qué a ti?".[16]

He aquí el relato de una tradición que justamente se originó en el mismo seno de la iglesia apostólica, y que generó una serie de errores. Observe cuan cuidadosamente la palabra de Dios corrige este error.

Dos reglas de fe realmente abarcan todo el mundo cristiano. Una de ellas es la palabra de Dios sola. La otra es la palabra de Dios y las tradiciones de la iglesia. Aquí están:

I. LA REGLA DEL HOMBRE DE DIOS, LA BIBLIA SOLA.

Toda la Escritura es inspirada por Dios y útil para enseñar, para redargüir, para corregir, para instruir en justicia, a fin de que el hombre de Dios sea perfecto, enteramente preparado para toda buena obra.[17]

II. LA REGLA DEL ROMANISTA, LA BIBLIA Y LA TRADICIÓN.

Si tuviéramos toda la regla de la fe y de las prácticas cristianas, no deberíamos contentarnos con las escrituras que Timoteo conocía desde su infancia, es decir, solo con el Antiguo Testamento. Ni tampoco con el Nuevo Testamento, sin llevar consigo las tradiciones de los apóstoles y la interpretación de la Iglesia, a la que los apóstoles entregaron tanto el libro como el verdadero significado.[18]

Es cierto que el sábado del primer día no puede ser sostenido por la primera de estas reglas, porque la palabra de Dios no dice nada sobre esa institución. La segunda de estas reglas es necesariamente adoptada por todos aquellos que abogan por la santidad del primer día de la semana. Porque los escritos de los padres y las tradiciones de la iglesia proporcionan todo el testimonio que se puede aportar en apoyo de ese día. Adoptar la primera regla es condenar el sábado del primer día como una institución humana. Adoptar la segunda es virtualmente reconocer que los romanistas tienen razón, porque es por esta regla que son capaces de sostener sus dogmas no bíblicos. El Sr. W. Taylor, un hábil escritor anti-sábado, afirma este punto con gran claridad:

El triunfo del consistente católico romano sobre todos los observadores del domingo, llamándose a sí mismos protestantes, es de hecho completo y sin respuesta... Debe presentar un tema de muy grave reflexión a los cristianos de las denominaciones reformadas y evangélicas, al darse cuenta que ningún argumento o sugerencia se puede ofrecer en favor de la observancia del domingo, que se aplique con la misma fuerza, en el sostenimiento de los diversos otros 'días santos' designados por 'la iglesia'.[19]

Escuche el argumento de un católico romano:

La palabra de Dios manda que el séptimo día sea el sábado de nuestro Señor, y sea santificado: vosotros, los protestantes, sin ningún precepto de la Escritura, lo cambian al primer día de la semana, lo que es autorizado solamente por nuestras tradiciones. Diversos puritanos ingleses se oponen a este punto, que la observancia del primer día es probada fuera de la Biblia, ahí donde se dice "el primer día de la semana"[20]. ¿No han revisado los textos antes de citarlos? Si nuestra fabricación no es mejor que el purgatorio y las oraciones por los muertos, la invocación de los santos y cosas semejantes, podrían tener una buena razón para reírse de nosotros con desprecio. Porque ¿dónde está escrito que estos eran días de reposo en que se guardaban esas reuniones? ¿O dónde se ordena que deban ser observados siempre? ¿O cuál es la declaración donde se decreta que la observancia del primer día derogue o suprima la santificación del séptimo día, que Dios ha mandado santificar perpetuamente? Ninguno de ellos está expresado en la palabra escrita de Dios.[21]

Por lo tanto, la persona que quiera apoyar el "sábado del primer día", debe necesariamente hacerlo bajo la bandera de la Iglesia de Roma (aunque, quizás, no este consciente de eso).

NOTAS

1. Declinación y Caída del Imperio Romano, capítulo XV.
2. Hechos 20:29,30
3. 2 Tesalonisenses 2:3,4,7,8
4. 2 Timoteo 4:2-4
5. Libro II, capítulo I, sección 1.
6. Ecclesiastic Researches, capítulo VI página 51, edición 1792.
7. The Modern Sabbath Examined, pp. 123, 124.
8. Rose's Neander, pág. 184.
9. History of the Popes, volume I, pág. 1, Philadelphia, edición 1847.
10. History of Romanism, libro II, capítulo I, secciones 3, 4.
11. Lectures on Romanism, pág. 203.
12. Commentary on Proverbs, pág. 8.
13. Autobiography of Adam Clarke, LL.D., pág. 134.
14. Christianography, parte II, pág. 59, Londres, 1636.
15. Traducción de las Disculpas de Justino Mártir, Tertuliano y otros, volumen II, pág. 375.
16. Juan 21:20-23.
17. 2 Timoteo 3:16,17.
18. Note of the Douay Bible on 2a Timothy 3:16,17.
19. Obligation of the Sabbath, pp. 254,255.
20. Hechos 20:7; 1 Corintios 16:2; y Apocalipsis 1:10.
21. A Treatise of Thirty Controversies.

www.ingramcontent.com/pod-product-compliance
Lightning Source LLC
Chambersburg PA
CBHW071501040426
42444CB00008B/1436